너희는 이렇게 기도하라

너희는 이렇게 기도하라

손기철

킹덤빌더여!
현재적 하나님나라에서
주님이 가르쳐주신 기도를 행함으로
이 땅에 주의 뜻을 이루자.

주님의 뜻을 이루기 위한
주기도의 회복을 위하여

저는 오래전부터 주기도문에 대한 책 쓰기를 갈망해왔습니다. 사역 초창기에 나온 《왕의 기도》(규장)도 사실은 주기도문의 내용에서 나온 것입니다. 그렇지만 주기도문에 대한 책의 집필은 엄두가 나지 않았습니다. 왜냐하면 그 당시 주기도문과 관련된 책은 대부분 윤리·도덕적 측면과 미래적 청원의 관점에서 서술되었기 때문이고, 또한 제 스스로 하나님나라의 복음과 그 관점의 사고방식이 온전히 정립되지 않았기 때문이었습니다.

지난 10여 년간 수많은 집회와 세미나를 통해 하나님나라의 복음을 전하고 그 표적이 드러날 때마다 주님은 더 많은 것들을 가르쳐주셨고, 이제는 많은 교회에서도 하나님의 나라와 의에 대하여 관심을 가지게 되었습니다. 최근에는 하나님나라의 관점에서 쓴 주기도문 책들이 주목을 받고 있습니다. 따라서 이제는 보다 편한 마음으로 오랫동안 기도하며 준비한 '주기도문' 책을 낼 수 있겠다고 판단되었습니다.

예수님이 가르쳐주신 주기도

지금 이 시대는 자신의 결핍과 욕구를 채우기 위해 자신의 방식대로 최선을 다하는 시대입니다. 심지어 그리스도인들조차 기도하는 대신에 열심히 토론하거나 과학적 데이터와 추론에 더 의존하고 있습니다. 이 시대에 회복되어야 할 복음적 가치들이 많지만 그중 가장 중요한 것이 바로 '하나님의 나라와 의'를 구하는 것입니다. 왜냐하면 그것이 이 땅에 도래한 하나님나라의 삶의 핵심이기 때문입니다. 그의 나라와 의를 구하는 기도가 바로 예수님이 가르쳐주신 '주기도'입니다.

우리가 신앙생활을 시작할 때 아무 생각 없이 가장 먼저 배우고 외우는 것이 주기도문입니다. 또 목사님의 축도(祝禱)없이 끝나는 예배나 모임의 마지막은 늘 주기도문으로 마무리하곤 했습니다. 그런데 주기도문에 대한 깊은 묵상이나 이해 없이 배운 대로 그냥 암송하다보니, 주기도문이 마치 주(기도) 문이 되어버린 것 같습니다.

한편으로 주기도문은 참 이상한 기도라고 생각되기도 합니다. 왜냐하면 주기도문에는 우리가 신앙생활에서 가장 소중히 여기는 예수 그리스도, 십자가, 성령, 구원과 같은 용어가 하나도 나오지 않기 때문입니다. 그러나 예수님께서 선포하신 하나님나라의 복음을 말씀과 성령을 통해 이해하고 체험하게 되면, 주기도문은 미래적 하나님나라의 성취를 위한 청원보다는 바로 이 땅에 도래한 현재적 하나님나라에서 주의 뜻을 '적극적으로', '능동적으로', '실제적으로' 실현시키는 데 절대적으로 필요한 기도임을 알게 됩니다.

주기도와 하나님나라의 관점

이제 하나님의 자녀는 하나님나라의 사고방식(kingdom mentality)에 기초하여 주님이 친히 가르쳐주신 기도를 새롭게 깨닫고, 매일의 삶에서 주기도를 행함으로 이 땅에 하나님나라를 이루는 킹덤빌더(kingdom builder)가 되어야 합니다.

주기도는
구원받은 하나님의 자녀가 드리는 기도입니다.

예수 그리스도 안에서 성령님을 통하여 하나님 아버지와 교제하는 기도입니다.

예수 그리스도의 이름으로 드리는 기도입니다.

현재적 하나님나라의 실현을 위해 드리는 기도입니다.

하나님나라는 말에 있지 않고 능력에 있음을 실제적으로 보여주는 기도입니다.

이미 도래한 하나님나라의 관점에서 주기도를 이해하고 실제로 삶에 적용하도록 하기 위해서 책 내용을 3부로 구성하였습니다. 1부에서는 주님께서 기도에 대해서 무엇이라고 말씀하셨는지, 왜 주기도문이 필요한지, 그리고 주기도문을 올바르게 이해하기 위한 몇 가지 전제들에 대해서 설명하였습니다. 특별히 현재적 하나님나라의 속성에 대한 온전한 이해는 주기도문의 해석뿐만 아니라 칭의와 성화를 올바르게 이해하는 데 매우 중요하다고 생각됩니다. 2부에서는 하나님의 자녀에 의한 현재적 하나님나라의 실현이라는 관점에서 주기도문을 해설하였습니다. 이 해설을 통하여 주기도문이 복음의 핵심 전부를 포함하고 있음을 알게 될 것입니다. 마지막 3부에서는 예수님께서 공생애 기간 동안 주기도문에 담긴 내용을 어떻게 풀어주시고 행하셨는지, 또 제자들은 이 주기도문을 어떻게 이해하고 적용하였는지, 그리고 실제 삶에서 우리가 주기도문에 기초하여 어떻게 구체적으로 기도할 수 있는지에 대해서 설명하였습니다.

단순히 주기도문에 대해서 공부하고 싶은 성도는 2부와 3부의 '주기도문의 신약적 이해'만을 읽는 것으로 충분하다고 생각됩니다. 그러나 성경을 하나님나라의 관점에서 새롭게 이해하고자 하는 성도는 반드시 1부의 '주기도문을 올바르게 이해하기 위한 전제들'을 읽어보시기를 권면합니다. 모든 하나님의 자녀는 주기도문을 올바로 이해함으로 공적 예배의 일환으로 암송할 때도 신령과 진정으로 기도해야 할뿐만 아니라 동시에 각자 상황과 처지에 따라 주기도문에 기초한 능력 기도를 통하여 주의 뜻이 자신의 삶에 실제로 이루어지도록 해야 합니다.

주기도문에 기초한 적용 기도를 구체적으로 배우기 원하는 성도는 3부의 '주기도문에 기초한 실제적 기도'를 참고하시기 바랍니다. 특별히 기도하기 전에 하나님나라의 사고방식으로 자신의 마음을 새롭게 하기를 원한다면, 이 책과 짝을 이루도록 제가 쓴 《기도하기 전에》(규장) 책을 함께 읽어보시기 바랍니다.

주기도문은 신구약 성경의 모든 내용이 들어 있는 염색체 내의 DNA(유전자)와 같으며, 복음의 실현을 위한 핵심이기 때문에 주님이 가르쳐주신 기도의 바른 회복 없이는 이 땅에 주의 뜻이 이루어질 수 없다고 감히 단언합니다.

이 시대에 하나님의 자녀로 자신의 분야와 영역에서 하나님의 통치가 이루어지는 데 쓰임 받기 원하는 모든 킹덤빌더들에게 이 책을 바칩니다.

나라가 임하시오며 뜻이 하늘에서 이루어진 것같이 땅에서도 이루어지이다 마 6:10

Verbum Domini manet in aeternum (벧전 1:25)

박사, HTM 대표

| 차 례 |

1
PART

예 수 님 이
말씀하시는
기   도

1

기도의
진정한 목적은
무엇인가?

모든 사람들은 기도하고 믿음생활을 한다. 우리는 기독교인들만 기도와 믿음생활을 한다고 생각하지만, 사실 불신자를 포함한 모든 사람이 믿음생활을 하고 기도한다. 예를 들어 우리 모두는 보고 듣고 느끼고 생각하며 살아간다. 그리고 그때마다 어떤 것을 믿거나 상상하며 자신이 원하는 대로 될 것을 소망한다. 그것이 바로 믿음이고 기도이다. 다만 그것이 하나님의 나라와 의를 구하는 기도인지, 자기 나라와 의를 구하는지의 차이가 있을 뿐이다. 사실 이 세상을 살아가는 사람이라면 어느 누구도 믿음이나 기도 없이 살 수는 없다.

하나님의 얼굴 구하기

특별히 그리스도인이 하는 기도는 '하나님과의 사귐'이라고 말할 수 있다. 그러나 안타깝게도 많은 경우 온전한 인격적 사귐이 아닌, 자신이 주체가 되어 하나님께 자신의 문제를 올려드림으로 그에 대한 응답, 해결, 보상만을 받고자 한다. 만약 기도가 단지 이렇게 우리의 필요를 채우기 위한 수단이라면, 굳이 하나님을 인격적으로 알거나 친밀함을 나눌 필요가 없을 것이다. 이 경우 두 가지 극단적인 패턴을 보게 된다.

첫째, 신앙공식적인 관점이다. 이는 하나님께서 약속의 말씀을 주셨기 때문에 우리가 믿음으로 그 말씀을 지켜 행하면 하나님께서는 그 대가로 약속의 말씀을 이루어주셔야 한다는 태도이다. 이 관점에서 보면 약속의 말씀이 이루어지지 않을 경우 결국 우리의 믿음 없음을 자책하는 것으로 귀결될 수밖에 없다. 기복신앙적 성격을 띠며 흔히 번영신앙을 주장하는 사람들이 생각하는 기도이다.

둘째, 신앙결정론적 관점이다. 하나님께서는 모든 주권을 가진 절대자이시므로 하나님께서 어떤 일을 이루기 원하시면 우리가 기도를 하든 안 하든 하나님께서 이루실 것이고, 그 반대도 그렇다고 생각하는 관점이다. 이 경우에는 믿음으로 기도하기보다 "주의 뜻대로 하옵소서"라고 기도할 수밖에 없다. 이런 기도는 하나님과의 관계 안에서 주의 뜻을 이루기보다는, 자신이 해야 할 일을 하나님께 맡겨버리는 책임회피적 성격을 띠며 전통적 신앙관에서 흔히 볼 수 있다.

그러나 하나님의 자녀가 주님께 드리는 기도의 궁극적인 목적은 하나님을 더 알아가는 것이다. 그러려면 먼저 우리의 마음을 변화시켜야 하며, 두 번째는 하나님의 뜻에 우리의 마음을 일치시켜야 하고, 세 번째는 하나님의 뜻을 이루어가야 한다. 결국 기도는 자신의 마음을 다스리거나 하나님으로부터 무언가를 얻어내기 위해 하는 것이 아니라, 하나님과 생명적 관계를 갖기 위해 하는 것이다. 다른 말로 하나님의 손을 구하는 것이 아니라 얼굴을 구하는 것이다.

하늘의 뜻을 이 땅에 이루기 위함

특별히 '주기도문'은 내가 주체가 아닌, 우리가 예수 그리스도 안에서 하나님의 마음에 일치됨으로 하나님의 뜻이 이루어지도록 하는 기도이다. 바로 주께서 우리를 통하여 이 땅에 그분의 일을 행하도록 하기 위한 기도이다. 그분이 친히 나타나실 때 우리는 현실의 삶 속에서 기사와 표적을 경험하게 된다. 이것은 인간의 욕심을 채우거나 능력을 나타내기 위한 기도와는 질적으로 다른 것이다.

마귀는 우리가 하나님 믿는 것을 저지하지 못하면 그다음 전략으로 우리 자신의 노력으로 최선을 다하게 하고 그 결과 바쁘게 만든다. 그렇게 될 때 우리의 몸과 마음은 한자리에 있지 못하게 되고(몸이 어떤 자리에 와 있더라도 마음은 다른 생각 또는 다음 일을 생각하고 있기 때문에), 여유가 없기 때문에 풍성함을 잃어버리게 되고, 주님과 교제할 수 없게 된다.

그러면 결국 자기도 모르는 사이에 우리는 "나라와 권세와 영광이 마귀에게 영원히 있사옵나이다"라고 기도하는 셈이 된다. 그러나 진정한 그리스도인은 너무 바빠서 기도할 수 없는 사람이 아니라, 너무 바쁘기 때문에 기도할 수밖에 없는 사람들이다. 왜냐하면 나라와 권세와 영광이 아버지께 있는 것을 알기 때문이다.

이 세상은 여전히 마귀가 통치하고 있지만, 이제 우리는 마귀의 속박에서 벗어나 세상 풍조를 따라가지 않고 하늘의 뜻을 이 땅에 이루기 위해 기도해야 한다. 우리 생각으로 할 수 있는 일을, 기회가 주어지는 한 최선을 다해 행하는 삶에서 벗어나야 한다. 그래야 하나님의 때에 하나님이 부르신 자리에서 하나님이 원하시는 일을 할 수 있기 때문이다.

우리가 구원을 받은 후 킹덤빌더의 삶을 살아갈 때[1], 우리는 이 땅에 주의 뜻을 온전히 이루어갈 수 있게 된다. 그것을 위해 예수님께서 친히 가르쳐주신 것이 바로 '주기도'이다.

---

[1] 킹덤빌더(kingdom builder)란 하나님 자녀의 정체성을 회복하고 예수님이 말씀하신 제자적 삶을 살아가는 자를 일컫는다. 관계적인 측면에서 하나님 자녀의 정체성을 회복하고 소명적인 측면에서 예수님 제자의 삶에 대해서 더 알고 싶으면, '킹덤빌더(규장. 2014)'를 참고하라.

1. 당신의 삶에서 기도는 얼마나 중요한 요소인가?

2. 지금까지 당신이 기도한 이유는 무엇이었는가?

3. 기도에 대한 정의를 새롭게 내려보라.

2 예수님은 기도에 대해서 어떻게 말씀하셨는가?

제자들은 왜 예수님께 기도를 가르쳐달라고 했는가?

유대인들은 어느 민족보다 기도를 많이 하는 민족이다. 실제로 그들의 삶은 매일 기도로 시작해서 기도로 끝났다고 해도 과언이 아니다. 수시로 드릴뿐 아니라 하루 정한 시간에 세 번씩 기도를 드렸다. 구약 문헌에 따르면 기도의 내용은 대체로 하나님께 자신들이 지은 죄를 용서해주시고 긍휼을 베풀어달라는 것이었다. 예수님 당시에도 유대인들은 규칙적인 기도생활을 위해서 오래전에 만들어진 '쉐마'[2], '테필라'[3], '카디쉬'[4] 등의 기도문을 만들어 사용하였다. 제자들뿐만 아니라 예수님도 당연히 어릴 때부터 이런 기도에 익숙할 뿐 아니라 그 방법을 따랐을 것이다.

이런 상황을 염두에 두고, 제자들이 왜 예수님께 기도를 가르쳐달라고 요청했는지에 대한 답을 찾아보는 것이 좋을 것이다.

> 예수께서 한 곳에서 기도하시고 마치시매 제자 중 하나가 여짜오되 주여 요한이 자기 제자들에게 기도를 가르친 것과 같이 우리에게도 가르쳐 주옵소서
>
> 눅 11:1

가장 먼저 추측해볼 수 있는 것은, 예수님이 공생애 기간 동안 전하신 메시지와 행하신 사역과 드리는 기도가 그 당시 종교 지도자들의 그것과 완전히 달랐기 때문일 것이다. 때가 되었을 때 예수님께서 행하신 일들을 생각해보라.

> 예수께서 온 갈릴리에 두루 다니사 그들의 회당에서 가르치시며 천국 복음을 전파하시며 백성 중의 모든 병과 모든 약한 것을 고치시니
>
> 마 4:23

예수님의 가르침은 그 당시 종교 지도자들의 가르침과도, 세례 요한의 것과도 달랐다.

---

2) 쉐마(Shema) : 예수님이 오시기 전부터 유대인들이 사용했던 신앙 고백문으로, 중심 내용은 신명기 6:4-9에 기록되어 있다.
3) 테필라(Tepillah) : 쉐마와 함께 예수님 당대 유대인 사회에 널리 사용된 긴 기도문으로 '18번 축복 기도문(the 18 Benedictions, Shemoneh Esreh)'으로 불린다.
4) 카디쉬(Kaddish) : 쉐마, 테필라와 더불어 안식일 회당 예배가 끝난 후에 함께 낭송하는 공적 짧은 기도문이다.

예수께서 이 말씀을 마치시매 무리들이 그의 가르치심에 놀라니 이는 그 가르치시는 것이 권위 있는 자와 같고 그들의 서기관들과 같지 아니함일러라 마 7:28,29

이러한 사실은 예수님께서 고향의 회당에 들러 예배를 드릴 때 어릴 적 그 당시 전통을 따르던 것에서 완전히 벗어나 행하신 일을 통해서도 알 수 있다. 예수님의 말씀이 너무 충격적이어서 회당에 있던 사람들은 심지어 예수님을 죽이려고 하기까지 했다.

예수께서 그 자라나신 곳 나사렛에 이르사 안식일에 늘 하시던 대로 회당에 들어가사 성경을 읽으려고 서시매 눅 4:16

선지자 이사야의 글을 드리거늘 책을 펴서 이렇게 기록된 데를 찾으시니 곧 주의 성령이 내게 임하셨으니 이는 가난한 자에게 복음을 전하게 하시려고 내게 기름을 부으시고 나를 보내사 포로 된 자에게 자유를, 눈 먼 자에게 다시 보게 함을 전파하며 눌린 자를 자유롭게 하고 주의 은혜의 해를 전파하게 하려 하심이라 하였더라 책을 덮어 그 맡은 자에게 주시고 앉으시니 회당에 있는 자들이 다 주목하여 보더라 이에 예수께서 그들에게 말씀하시되 이 글이 오늘 너희 귀에 응하였느니라 하시니 그들이 다 그를 증언하고 그 입으로 나오는 바 은혜로운 말을 놀랍게 여겨 이르되 이 사람이 요셉의 아들이 아니냐 눅 4:17-22

또 주기도를 가르치기에 앞서, 그 당시 기도의 잘못된 점을 지적하신 것을 생각해볼 때(마 6:5-8), 예수님께서 공생애 기간 동안 하신 기도가 전통적으로 해오던 기도와 매우 달랐다는 것을 짐작할 수 있다. 예를 들어, 예수님께서 복음서에서 그 당시 유대인들과 종교 지도자들이 율법의 참뜻을 이해하지 못하고 자신들의 행위로 하나님의 축복을 얻고자 한 것과 본질 없이 외식과 형식으로 가득 찬 그들의 종교 활동을 강하게 비난하셨던 것에서도 그것을 알 수 있다.

예수님께서 각 성과 마을을 두루 다니시며 유대인과 종교 지도자들에게 가르치신 내용을 생각해보라. 예를 들어 산상 설교의 중심 주제는 율법을 지키는 것이 아니라 하나님의 나라와 의를 구하는 것, 하나님 아버지와의 새로운 관계에 대한 것, 하나님나라의 삶에 대한 것이었다(마 5:1-12).

예수님께서는 그 당시 기도에 대해 무엇이라고 말씀하셨는가?

예수님께서는 당시 종교 지도자들이 어떻게 기도하는지 잘 알고 계셨다. 그런데 제자들에게 "너희는 이렇게 기도하지 말라"고 말씀하신 것을 보면 그 당시 기도 내용과 기도 태도에 문제가 있었음을 알 수 있다. 마태복음 6장 5-8절 말씀을 통해 예수님께서는 그 당시 종교 지도자들이 하던 기도에 대한 잘못을 지적하셨다.

또 너희는 기도할 때에 외식하는 자와 같이 하지 말라 그들은 사람에게 보이려고 회당과 큰 거리 어귀에 서서 기도하기를 좋아하느니라 내가 진실로 너희에게 이르노니 그들은 자기 상을 이미 받았느니라 너는 기도할 때에 네 골방에 들어가 문을 닫고 은밀한 중에 계신 네 아버지께 기도하라 은밀한 중에 보시는 네 아버지께서 갚으시리라 또 기도할 때에 이방인과 같이 중언부언하지 말라 그들은 말을 많이 하여야 들으실 줄 생각하느니라 그러므로 그들을 본받지 말라 구하기 전에 너희에게 있어야 할 것을 하나님 너희 아버지께서 아시느니라 마 6:5-8

예수님께서 지적하신 것을 세 가지로 요약할 수 있다. 첫째는 외식하는 자와 같이 남을 의식하여 기도하지 말 것, 둘째는 남들의 눈에 띄는 곳이 아닌 골방에 들어가 은밀한 중에 계시는 아버지께 기도할 것, 셋째는 이방인과 같이 계속해서 중언부언하지 말라는 것이다. 이러한 말씀은 그 당시의 기도와는 완전히 다른 새로운 가르침이었다.

예수님께서 "너희는 이렇게 기도하라"고 말씀하시기 전에 "너희는 이렇게 기도하지 말라"고 하신 가르침의 근본 사상은 아직 도래하지 않은 하나님나라의 복음에 기초한 것이며, 인간중심적인 기도에서 하나님 중심적인 기도로 바꾸어야 한다는 것이다.

이 세 가지는 기도 의도, 기도 장소, 기도 방법으로 나누어 생각해 볼 수 있다.

기도 의도(5절)

"또 너희는 기도할 때에 외식하는 자와 같이 하지 말라 그들은 사람에게 보이려고 회당과 큰 거리 어귀에 서서 기도하기를 좋아하느니라 내가 진실로 너희에게 이르노니 그들은 자기 상을 이미 받았느니라"

'외식하는 자'로 번역된 헬라어 '휘포크리테스'의 본래 뜻은 연극배우이다. 연극배우는 극중에서 다양한 역할과 신분을 나타낸다. 하지만 그것이 실제 자신의 삶은 아니다. 연극배우의 본질은 자신을 위한 것이 아니라 관객을 위해 봉사하는 것이다. 단지 역할에 맞는 분장을 하고 그 역할에 맞는 행위와 태도를 보일 뿐이다. 기도할 때 외식하는 자와 같이 하지 말라는 것은, 자신의 진정한 마음을 나타내야지 다른 사람과 관계할 때 나타내는 마음으로 기도하지 말라는 뜻이며, 기도할 때 연기하지 말라는 뜻이기도 하다.

이것은 두 가지 관점에서 생각해볼 수 있다. 첫째, 기도할 때 다른 사람에게 거룩하게 보이려고 하거나, 남이 들어주기를 바라는 마음으로 필요 이상의 믿음을 나타내며 큰소리로 기도하거나, 자신의 본심이 아닌 거짓으로 꾸며서(자신도 의식하지 못할 수 있는) 기도하지 말라는 것이다. 또한 자신의 마음을 솔직히 표현하는 대신에 말씀을 다양하게 활용하여 듣기에 그럴듯하게 기도하지 말라는 뜻이기도 하다. 예를 들어 교회에서 대표기도를 할 때 사람들에게 감동을 주거나 교훈을 줄 목적으로 미사여구를 사용하는 경우가 바로 이 경우에 해당된다. 그럴 경우 기도하는 사람은 사람에게 영광을 받기 때문에 예수님께서도 "내가 진실로 너희에게 이르노니 그들은 자기 상을 이미 받았느니라"라고 말씀하신 것이다.

둘째, 우리는 기도할 때 마음의 생각과 감정을 주님께 올려드리지만 실상은 자신의 본심을 드리지 못하는 경우가 많다. 이 또한 외식하는 것과 동일하다고 볼 수 있다. 문제에 직면했을 때 자신의 마음을 온전히 드리는 기도를 한다고 하지만, 사실은 자신의 본능적인 결핍과 욕구 그리고 그에 따른 두려움, 부족함, 죄의식은 숨긴 채 자신의 경험에 기초한 자기주장이나 관점만을 말하거나 주님께 잘 보이려고 혹은 주님으로부터 무언가를 받아내려고 포장된 생각과 감정 등을 말하는 것이 대부분이다. 의도한 것이 아닐지라도 여전히 자신의 본심보다는 하나님으로부터 무언가 얻어낼 뜻으로 자신을 꾸미게 된다는 것이다. 이것도 외식하는 기도이다.

실제로 힘들고 고통스러울 때 우리는 무엇을 어떻게 기도해야 할지 모른다. 그럼에도 내 마음의 생각과 감정을 있는 그대로 토해 내고 내어드리면 성령님께서 우리를 위해 친히 간구하신다는 것을 알아야 한다.

이와 같이 성령도 우리의 연약함을 도우시나니 우리는 마땅히 기도할 바를 알지 못하나 오직 성령이 말할 수 없는 탄식으로 우리를 위하여 친히 간구하시느니라 마음을 살피시는 이가 성령의 생각을 아시나니 이는 성령이 하나님의 뜻대로 성도를 위하여 간구하심이니라 우리가 알거니와 하나님을 사랑

하는 자 곧 그의 뜻대로 부르심을 입은 자들에게는 모든 것이 합력하여 선을 이루느니라 롬 8:26-28

우리는 외식하는 자와 같이 기도함으로 세상과 사람으로부터 칭찬, 격려, 위로와 같은 상을 받기보다 자신의 마음을 드림으로써 하나님의 상을 받도록 해야 한다.

기도 장소(6절)

"너는 기도할 때에 네 골방에 들어가 문을 닫고 은밀한 중에 계신 네 아버지께 기도하라 은밀한 중에 보시는 네 아버지께서 갚으시리라"

구약에 있어서 기도는 성전과 관련이 있었다. 왜냐하면 그곳에 하나님이 계시기 때문이다. 그래서 그들은 성전을 향해 기도하거나 성전에서 기도했다.

내가 여호와께 바라는 한 가지 일 그것을 구하리니 곧 내가 내 평생에 여호와의 집에 살면서 여호와의 아름다움을 바라보며 그의 성전에서 사모하는 그것이라 시 27:4

내가 주의 지성소를 향하여 나의 손을 들고 주께 부르짖을 때에 나의 간구하는 소리를 들으소서 시 28:2

내가 환난 중에서 여호와께 아뢰며 나의 하나님께 부르짖었더니 그가 그의 성전에서 내 소리를 들으심이여 그의 앞에서 나의 부르짖음이 그의 귀에 들렸도다 시 18:6

예수님께서는 회당과 큰 거리 어귀에 서서 기도하지 말고, 골방에 들어가서 문을 닫고 은밀한 중에 계신 아버지께 기도하라고 말씀하셨다. 그 당시 사람들에게 이 말씀은, 하나님이 계시지 않는 자신의 골방에서 기도하라는, 가당치 않은 말이었을 것이다. 그러나 우리는 이 말씀을 통해서도 주기도문이 예수 그리스도 안에서 성령님을 통하여 하나님 아버지께 드리는 기도임을 확인할 수 있다. 예수님께서 네 골방에 들어가 문을 닫고 은밀한 중에 계신 네 아버지께 기도하라고 하신 것은, 하나님께서 더 이상 성전이라는 장소에 제한되어 계시는 것이 아니라 예수 그리스도로 인하여 우리의 심령 안에 계시며 또한 예수 그리스도의 피를 힘입어 우리가 언제나 그분께 나아갈 수 있다는 것을 의미하기 때문이다.

너희 몸은 너희가 하나님께로부터 받은 바 너희 가운데 계신 성령의 전인 줄을 알지 못하느냐 너희는 너희 자신의 것이 아니라 값으로 산 것이 되었으니 그런즉 너희 몸으로 하나님께 영광을 돌리라 고전 6:19,20

그러므로 형제들아 우리가 예수의 피를 힘입어 성소(the most holy place)에 들어갈 담력을 얻었나니 히 10:19

"문을 닫는다"는 것은 기도하는 동안 우리의 마음이 세상과 단절되어야 한다는 것을 의미한다. 모든 일상적이고 인간적인 활동으로부터 해방되어야 한다는 뜻이다. 그래서 우리는 기도하기 위해서 사람들이 없는, 그리고 세상적인 것에 묶이지 않는 한적한 곳을 찾는 것이다. "은밀한 중에 계신"이라는 의미는 단지 물리적 세계로부터 차단되는 것만을 의미하는 것이 아니라 우리 마음의 모든 역동성이 사라져야 한다는 것을 뜻한다. 예를 들면 몸은 격리되었지만 마음은 언제 어디로든 갈 수 있고 무슨 생각이라도 할 수 있다. 따라서 이 말씀의 참뜻은 육신의 눈이 닫히고 마음의 눈이 열려 하나님께서 임하실 수 있는 상태가 되어야 한다는 것이다. 그 상태는 물리적으로 '조용한(quiet)' 곳일 뿐만 아니라 마음의 모든 역동성(오감을 통하여 자아를 의식하고자 하는 노력)이 사라지는 '은밀한(silent)' 곳이다. 우리는 그곳에서 하나님을 만날 수 있다.

> 나의 영혼아 잠잠히 하나님만 바라라 무릇 나의 소망이 그로부터 나오는도다
> 시 62:5

하나님의 자녀가 온전한 삶을 살기 위해서 기도는 육신의 생명보다 귀중한 것이다. 그렇지만 오늘날과 같이 바쁜 삶 가운데 가장 힘들고 어려운 것이 바로 마음의 모든 역동성을 내려놓고 하나님 앞에 자신을 드리는 것이다. 바로 '거룩한 낭비'이다. 이 훈련이 되면 우리는 언제 어디서나 하나님의 은밀한 곳에 머물 수 있고 하나님과 교

제할 수 있다.

기도 방법(7절)

"또 기도할 때에 이방인과 같이 중언부언하지 말라 그들은 말을 많이 하여야 들으실 줄 생각하느니라"

"중언부언한다"는 것은 헬라어로 '바탈로게오'이며, 동일한 말을 반복적으로 또는 장황하게 간절히 오랫동안 하면 그 일이 이루어질 것이라고 기대하는 주문을 말한다. 인간은 신적인 대상에게 간절하게 오랫동안 계속 빌면 원하는 것이 이루어진다는 종교적인 생각을 가지고 있다. 과거 우리 선조들이 물 한 그릇을 떠놓고 간절히 빌던 것과 엘리야 시대에 바알의 선지자들이 동일한 말로 바알을 계속 불렀던 것이 이에 해당된다.

> 그들이 받은 송아지를 가져다가 잡고 아침부터 낮까지 바알의 이름을 불러 이르되 바알이여 우리에게 응답하소서 하나 아무 소리도 없고 아무 응답하는 자도 없으므로 그들이 그 쌓은 제단 주위에서 뛰놀더라 왕상 18:26

예수님께서 기도는 하나님으로부터 무언가를 받아내기 위한 우리의 노력이 아니라고 말씀하신다. 우리는 자신의 헌신의 대가로 신으로부터 무언가를 받아내고자 하는 인간적인 사고방식에서 벗어나야 한다. 기도는 우리의 뜻을 이루기 위해서 우리의 생각을 하나님께

주입시키는 것이 아니라 우리의 모든 것을 알고 계시는 하나님의 뜻에 우리의 마음을 일치시키는 것이다.

이것에 대해서 예수님께서는 다음과 같이 말씀하셨다.

> 그러므로 염려하여 이르기를 무엇을 먹을까 무엇을 마실까 무엇을 입을까 하지 말라 이는 다 이방인들이 구하는 것이라 너희 하늘 아버지께서 이 모든 것이 너희에게 있어야 할 줄을 아시느니라 그런즉 너희는 먼저 그의 나라와 그의 의를 구하라 그리하면 이 모든 것을 너희에게 더하시리라 마 6:31-33

다시 말하지만 기도는 하나님께서 모르시는 것을 알려드리거나 하나님께서 하셔야 할 일을 하시도록 일깨워드리는 것이 아니다. 우리는 기도를 통해 자신의 문제를 하나님께 드리고, 그 문제에 대한 하나님의 마음을 알고, 그 문제에 대한 하나님의 뜻을 이루기 위해 기도해야 한다.

> 그를 향하여 우리가 가진 바 담대함이 이것이니 그의 뜻대로 무엇을 구하면 들으심이라 우리가 무엇이든지 구하는 바를 들으시는 줄을 안즉 우리가 그에게 구한 그것을 얻은 줄을 또한 아느니라 요일 5:14,15

한편 예수님께서는 기도하는 자의 교만한 마음에 대해서도 가르치셨다. 우리의 타락한 마음은 세상적으로는 늘 자신보다 나은 사람을 비교 대상으로 삼아 열등감을 느끼지만, 종교적으로는 늘 자신보다 못한 사람을 비교 대상으로 삼아 교만하게 된다.

> 또 자기를 의롭다고 믿고 다른 사람을 멸시하는 자들에게 이 비유로 말씀하시되 두 사람이 기도하러 성전에 올라가니 하나는 바리새인이요 하나는 세리라 바리새인은 서서 따로 기도하여 이르되 하나님이여 나는 다른 사람들 곧 토색, 불의, 간음을 하는 자들과 같지 아니하고 이 세리와도 같지 아니함을 감사하나이다 나는 이레에 두 번씩 금식하고 또 소득의 십일조를 드리나이다 하고 세리는 멀리 서서 감히 눈을 들어 하늘을 쳐다보지도 못하고 다만 가슴을 치며 이르되 하나님이여 불쌍히 여기소서 나는 죄인이로소이다 하였느니라 내가 너희에게 이르노니 이에 저 바리새인이 아니고 이 사람이 의롭다 하심을 받고 그의 집으로 내려갔느니라 무릇 자기를 높이는 자는 낮아지고 자기를 낮추는 자는 높아지리라 하시니라 눅 18:9–14

이렇듯 "너희는 이렇게 기도하지 말라"는 내용을 종합해보면, 예수님께서는 제자들에게 하나님의 뜻을 왜곡하여 믿고 있는 그 당시 유대교의 전통에서 벗어나, 친히 선포하신 하나님나라의 사고방식에 근거하여 다르게 기도하라고 가르치셨다는 것을 알 수 있다.

한국 교회에서는 새벽기도, 철야기도, 묵상기도, 작정기도, 금식기도, 방언기도 등 많은 기도가 있고 기도에 목숨 거는 것을 칭찬하고 또 흠모하기도 한다. 열정으로 기도하는 것은 좋은 일이다. 하지만 그 기도가 예수님께서 지적하신 말씀에 비추어 과연 하나님께서 받으시기에 합당한지는 다시 한번 생각해볼 필요가 있다. 깊은 내면에 기도라는 대가(간절함과 끈질김)를 지불함으로써 하나님의 마음을 움직이고, 자신의 뜻을 이루고자 하는 의도가 있다는 것을 부인하기 어렵기 때문이다. 이것은 하나님의 의를 나타내는 것이 아니라 자신의 의를 나타낼 뿐이다. 하나님의 뜻을 외면한 채 자신의 기복적, 번영적 사고방식에 기초해서 하는 기도는 이제 더 이상 하지 말아야 한다.

> 내가 증언하노니 그들이 하나님께 열심이 있으나 올바른 지식을 따른 것이 아니니라 하나님의 의를 모르고 자기 의를 세우려고 힘써 하나님의 의에 복종하지 아니하였느니라 롬 10:2,3

그러므로 너희는 이렇게 기도하라

그러므로 너희는 이렇게 기도하라… 마 6:9

예수님께서는 제자들에게 "너희는 이렇게 기도하라"고 말씀하시며 주기도문을 가르쳐주셨다. 이 말씀을 자세히 살펴보면 주기도문이 어떤 기도인지 알 수 있게 된다. 우선 '너희'는 누구를 지칭하는 것일까? 바로 구원받은 자, 예수 그리스도 안에서 새로운 피조물이 된 자, 하나님의 가족이요 하나님의 자녀가 된 자, 이 땅에서 주의 뜻을 이루어가는 자, 즉 킹덤빌더를 말한다. 그리고 '그러므로'는 이전에 알고 있었던 것과 지금 말하고자 하는 것이 서로 다르다는 것을 알리기 위해 사용된 접속사이다. 또한 '이렇게'의 의미는 '이러한 방식으로(KJV ; After this manner therefore pray ye, NIV ; This, then, is how you should pray, NASB ; Pray, then, in this way)'라는 뜻을 지닌다. 즉 이 말씀은 이전의 기도들 즉, 쉐마, 테필라, 카디쉬와 같이 암송하여 외우는 기도가 아닌 가르쳐주신 기도 내용을 각자의 경우에 맞게 기도하라는 것이다. 지금까지 우리는 주기도문을 암송해야 하고 토씨 하나 틀리지 않고 외우는 것이 전부인 줄 알았지만, 본래 예수님께서 말씀하신 것은 그런 뜻이 아니다. 그리고 '기도하라'는 지속적으로 하나님과 교제하며 주의 뜻이 이루어지도록 하라는 의미가 있다.

주기도문은 예수님께서 하나님나라의 복음을 알려주시고, 그 복음을 누리도록 하기 위해 우리에게 가르쳐주신 기도이다. 예수님께서는 그의 나라와 의를 구하심으로 하나님 아버지의 뜻을 이루어가는 삶을 친히 우리에게 보이시고 말씀하셨다.

그런즉 너희는 먼저 그의 나라와 그의 의를 구하라 그리하면 이 모든 것을 너희에게 더하시리라 마 6:33

현재 우리는 주기도문을 공적(公的) 기도로 사용하고 있다. 그럴 때 주기도문의 내용을 깊이 묵상하지 않고 단지 마침기도 정도로 암송하는 경향이 있는데 그렇게 되어서는 안 된다. 주기도문을 공적 기도로 사용할 때라도 성령의 인도함을 받아야 하며, 그 기도의 내용이 우리를 통해 이루어지도록 해야 한다.

모든 기도는 '예수 그리스도의 이름으로' 해야 한다고 알고 있다. 그렇기 때문에 주기도문을 읽다보면 왜 예수 그리스도의 이름으로 기도하지 않는지 의문이 든다. 그러나 잘 생각해보면, 주기도문은 예수님께서 하나님 아버지께 드렸던 그 방식과 내용의 기도라는 것을 알 수 있다. 이 기도 안에 예수 그리스도의 이름 전부가 들어 있다. 다른 말로, 예수 그리스도 안에 있지 않은 자는 이 기도를 할 수 없다는 것이다. 구원받고 예수 그리스도 안에 있는 우리는 더 이상 육으로 난 것이 아니라 영으로 난 자이며, 우리의 이름으로 사는 자가 아니라 예수 그리스도의 이름으로 사는 자이다. 따라서 공적 기도 외에 주기도문에 기초하여 각자의 상황에 맞게 기도할 때는 예수 그리스도의 이름으로 기도해야 한다. 왜냐하면 그 기도는 우리 자신을 위한 기도가 아니라 우리의 믿음을 통하여 우리 안에 계신 예수님께서 이루시도록 하는 기도이기 때문이다.

1. 당신은 언제, 어디서, 어떤 내용의 기도를 하는가?

2. 예수님께서 가르쳐주신 기도의 의도, 장소, 방법에 비추어 볼 때 당신 기도에서 고쳐야 할 점은 무엇인가?

3. 예수님께서 말씀하신 "너희는 이렇게 기도하라"는 뜻은 무엇인가?

3

왜
주기도문이
필요한가?

  우리가 잘 아는 산상수훈은 우리가 지켜야 할 율법이 아니라, 예
수 그리스도 안에서 우리가 이루어가야 할 하나님나라의 삶에 대한
것이다. 그렇다면 그것을 어떻게 이루어갈 수 있을까? 그 하나님나
라의 삶을 이루어갈 수 있도록 주님께서 우리에게 가르쳐주신 기도
가 바로 주기도이다. 따라서 이 주기도보다 더 구체적이고 전략적이
고 실제적인 기도는 없다. 주기도는 신구약의 모든 가르침이 압축되
어 있는 기도이며, 하나님나라 복음의 요약이기 때문에 모든 기도는
이 주기도를 기초로 해야 하고 적용되어야 한다.

예수님께서 전하신 하나님나라의 복음을 생각해보자. 복음의 핵심은 예수 그리스도를 통한 '아버지와의 관계 회복'과 '하나님의 실재적 나타나심'이다. 복음은 타락한 인간이 예수 그리스도를 통하여 잃어버린 하나님 아버지와의 올바른 관계를 다시 갖도록 하는 좋은 소식이다. 이것이 바로 복음에 하나님의 의가 나타난다는 뜻이기도 하다.

> 복음에는 하나님의 의가 나타나서 믿음으로 믿음에 이르게 하나니 기록된 바 오직 의인은 믿음으로 말미암아 살리라 함과 같으니라 롬 1:17

마귀는 우리가 모든 관점을 세상적으로, 그리고 모든 관심을 자기 자신에게 돌리게 한다. 즉, 하나님나라의 관점과 우리 안에 계신 하나님 아버지에 대한 관심을 갖지 못하게 하는 것이다. 그 결과 우리는 자기애(自己愛)에 집착하게 되어 우리 안에 하나님의 사랑이 흘러 들어오거나 흘러 나가지 못하게 된다. 그러나 주기도문은 우리로 하여금 모든 관점과 관심을 다시 하늘나라와 그곳에 계신 우리 아버지께 돌리도록 한다. 그 결과 하나님의 사랑이 다시 임하고 그 사랑이 다른 사람에게 흘러가게 된다. 이것이 바로 예수님께서 우리를 사랑하신 것처럼 우리도 서로 사랑하라는 뜻이다.

> 새 계명을 너희에게 주노니 서로 사랑하라 내가 너희를 사랑한 것같이 너희

도 서로 사랑하라 너희가 서로 사랑하면 이로써 모든 사람이 너희가 내 제자인 줄 알리라 요 13:34,35

하나님의 사랑을 통해서 하나님과 나(예수 그리스도 안에 있는)의 관계 회복, 그리고 우리의 관계 회복, 이것이 바로 우리 안에 있는 하나님나라이다.

또 여기 있다 저기 있다고도 못하리니 하나님의 나라는 너희 안에 있느니라 눅 17:21

삼위일체 하나님과 교제하도록 하기 위해서다

예수님께서 "너희는 이렇게 기도하라"고 가르쳐주신 주기도문에는 성령님이나 예수님에 대한 언급이 하나도 없다. 따라서 이 기도는 신약적으로 온전치 못한 기도라고 생각할 수도 있을 것이다. 그러나 실제 주기도문은 예수님과 성령님 없이는 단 한 구절도 성립될 수 없고, 온전하게 기도할 수도 없다는 것을 알아야 한다.

우선 "하늘에 계신 우리 아버지 이름을 거룩히 여김을 받으시오며"를 생각해보라. 하늘에 계신 여호와 하나님을 "우리 아버지"라 부르는 것은 우리가 먼저 예수 그리스도 안에 있을 때만 가능한 일이다. 즉, 우리는 우리를 위해서 죽으시고 부활하신 예수 그리스도와 연합하고 그 결과로 하나님의 영, 보혜사 성령님이 우리 안에 거하실 때 비로소 예수 그리스도 안에서 하나님의 자녀가 된다. 또 우리가 하나님의 자녀가 되었다는 사실을 어떻게 알 수 있는가? 성령님께서 친히 우리의 영과 더불어 우리가 하나님의 자녀가 되었다는 것을 증거하신다. 우리가 어떻게 하나님의 이름을 거룩히 여길 수 있는가? 신령(성령)과 진정(말씀)으로 예배드리는 것이다.

영접하는 자 곧 그 이름을 믿는 자들에게는 하나님의 자녀가 되는 권세를 주셨으니 이는 혈통으로나 육정으로나 사람의 뜻으로 나지 아니하고 오직 하나님께로부터 난 자들이니라 요 1:12,13

성령이 친히 우리의 영과 더불어 우리가 하나님의 자녀인 것을 증언하시나니 롬 8:16

"나라가 임하시오며 뜻이 하늘에서 이루어진 것같이 땅에서도 이루어지이다"를 생각해보라. 하나님나라가 어떻게 이 땅에 임하는가? 하나님의 통치는 바로 성령님을 통해서 임하신다.

그러나 내가 하나님의 성령을 힘입어 귀신을 쫓아내는 것이면 하나님의 나라가 이미 너희에게 임하였느니라 마 12:28

주의 말씀이 하늘에서 이루어진 것같이 땅에서 이루어지도록 하는 것은 하나님 우편에 계시면서 동시에 우리 안에 계신 예수 그리스도 때문이다.

> 하늘에 있는 것이나 땅에 있는 것이 다 그리스도 안에서 통일되게 하려 하심
> 이라 엡 1:10

> 주 예수께서 말씀을 마치신 후에 하늘로 올려지사 하나님 우편에 앉으시니라
> 제자들이 나가 두루 전파할새 주께서 함께 역사하사 그 따르는 표적으로 말
> 씀을 확실히 증언하시니라 막 16:19,20

주기도문의 나머지도 생각해보라. 매일 주의 뜻을 이루기 위한 주
의 말씀을 어떻게 받을 수 있는가? 바로 성령님을 통해서다.

> 보혜사 곧 아버지께서 내 이름으로 보내실 성령 그가 너희에게 모든 것을 가
> 르치고 내가 너희에게 말한 모든 것을 생각나게 하리라 요 14:26

우리가 회개하고 다른 사람을 용서할 수 있는 것은 성령님께서 말
씀을 통하여 우리의 마음을 만져주시기 때문이다.

> 오직 너희의 심령이 새롭게 되어 하나님을 따라 의와 진리의 거룩함으로 지
> 으심을 받은 새 사람을 입으라 엡 4:23,24

우리가 어떻게 시험에 들지 않고 악에서 구함을 받을 수 있는가?

육신의 소욕이 아니라 성령의 소욕에 사로잡힐 때 가능하다.

> 내가 이르노니 너희는 성령을 따라 행하라 그리하면 육체의 욕심을 이루지
> 아니하리라 갈 5:16

주기도는 예수 그리스도 안에서 성령님을 통하여 하나님 아버지
와 교제하는 기도이다. 공적인 자리에서는 주기도문 그대로 암송하
지만, 매일의 삶 가운데 기도할 때는 주기도문을 각자의 상황과 처
지에 맞게 적용해야 하며, 성령 안에서 예수 그리스도의 이름으로 기
도해야 한다.

하나님나라의 사고방식으로 변화시키기 위해서다

우리가 하나님의 자녀라면 우리는 세상 사람들이 좋고 옳게 여기
는 수단과 방법을 따르지 말아야 하고, 그들과 동일한 방향으로 걸
어가지 않아야 한다. 인본주의적이고 자기중심적인 사회에서 다른
사람보다 더 잘 살기 위해서가 아니라, 세상 사람들과 다르게 살아
가기 위해서 우리에게 필요한 것이 바로 주기도이다. 우리가 그리스
도인임에도 불구하고 흑암의 권세 아래서 세상적 사고방식으로 살
아가는 경우가 허다하다. 그러나 이 땅에 도래한 하나님나라에서
살아가기 위해서는 새로운 사고방식, 즉 하나님나라의 사고방식을
배워야 한다. 주기도문은 우리에게 하나님과의 새로운 관계 그리고

이 땅에서 주(主)를 나타내는 새로운 삶에 대해 가르쳐준다. 정말 변화된 삶을 살고 싶다면 주기도문을 다시 배우고 새롭게 기도해 보라. 그렇게 할 때 당신의 삶은 분명히 변화될 것이다.

도둑이 오는 것은 도둑질하고 죽이고 멸망시키려는 것뿐이요 내가 온 것은 양으로 생명을 얻게 하고 더 풍성히 얻게 하려는 것이라 요 10:10

간음한 여인들아 세상과 벗된 것이 하나님과 원수 됨을 알지 못하느냐 그런 즉 누구든지 세상과 벗이 되고자 하는 자는 스스로 하나님과 원수 되는 것이니라 약 4:4

좁은 문으로 들어가라 멸망으로 인도하는 문은 크고 그 길이 넓어 그리로 들어가는 자가 많고 생명으로 인도하는 문은 좁고 길이 협착하여 찾는 자가 적음이라 마 7:13,14

하나님의 뜻을 이 땅에 이루도록 하기 위해서다

주기도는 보이지 않는 영적 세계의 실재(實在)를 보이는 현실 세계의 실체(實體)로 변화시키는 기도이다. 즉 하늘에서 이루어진 (보이지 않는) 약속의 말씀을 이 땅에 (물리적이고 보이는) 실체로 변화시키기 위해서 절대적으로 필요한 기도가 바로 예수님께서 가르쳐주신 기도이다. 따라서 주기도를 새롭게 배울 때 우리의 삶 가운데서 분명히 기적을 경험하게 될 것이다. 또한 고난 가운데서도 기뻐하며 소망 가운데 살게 될 것이다. 하나님나라의 삶은 하나님께서 부르신 자리에서, 하나님의 때에, 하나님께서 원하시는 일을 행하며 사는 것이다. 이런 삶을 살기 위해서 절대적으로 필요한 것이 바로 주기도이다.

결국, 주기도문이 필요한 이유는 하나님 아버지와 자녀의 올바른 관계를 유지하기 위해서, 하나님 아버지를 영화롭게 하기 위해서, 하나님의 통치 아래 주의 뜻을 이루기 위해서, 매일의 삶에서 구체적이고 실제적인 인도함을 받기 위해서, 이 세상 사람들과 다른 사고방식으로 살기 위해서, 하나님나라에서 그 법의 혜택을 누리기 위해서이다.

1. 주기도의 필요성은 무엇인가?

2. 주기도문을 묵상하면서 복음이 무엇인지를 나누어 보라.

3. 주기도문 안에서 삼위일체 하나님을 어떻게 발견할 수 있는가?

chapter 4

주기도문을 올바르게 이해하기 위한 전제들

주기도문은 하나님나라 복음의 관점에서 이해해야 한다

기독교 역사상 주기도문만큼 많이 사용된 기도는 없을 것이다. 그러나 주기도문은 예전적 기도로서만 사용되었을 뿐 그 중요성에 비추어 볼 때 우리 삶에 제대로 적용되지 못했다고 볼 수 있다. 여러 가지 이유가 있을 수 있겠지만 주기도문에 생명과 능력이 없는 것은 무엇보다 예수님이 전하신 하나님나라의 복음에 기초하여 해석하고 적용하지 않았기 때문이다.

하나님의 나라와 의에 기초하여 주기도문을 해석할 때, 비로소 우리는 주기도문을 하늘과 땅이라는 차원, 하나님 아버지와 자녀라는 관계, 이미(already)와 아직(yet)이라는 현재적 하나님나라의 실재, 기도문의 가르침과 실제 적용의 시간적 차이 등을 입체적으로 이해할 수 있다. 그리고 앞서 언급한 예수 그리스도, 성령, 십자가, 은혜, 믿음, 의와 같은 기독교의 핵심 단어가 기도문에 왜 나오지 않는지에 대해서도 알게 된다.

주기도문을 좀 더 정확히 이해하기 위해서는 예수님께서 가르쳐주신 주기도문뿐만 아니라, 예수님의 공생애 사역과 전하신 말씀을 알고, 그 기도를 배운 제자들이 주기도문을 어떻게 이해하고 적용했는지도 살펴보아야 한다.

언제부터인가 예수님께서 선포하신 '하나님나라의 복음(예수 그리스도로 인하여 다시 하나님의 통치가 이 땅에 시작되었다는 좋은 소식)'이 세대주의의 영향으로 '하나님나라(죽고 난 다음에 가는 천당으로 인식되는 곳)'와 '복음(내가 예수 그리스도를 믿고 죄 사함을 받아 구원을 얻은 것)'으로 나누어지게 되었다.

다른 말로 하면, 예수 그리스도를 믿음으로 구원을 얻었지만 이 땅에서 사는 동안에는 소망이 없고 진정한 축복은 죽고 나서 가는 천당에서 이루어진다는 사고방식이다. 이런 세대주의적 관점에서의 복음 해석은 믿는 자에게 지금은 아니지만 죽고 난 다음에, 또는 현재적 하나님나라보다는 늘 미래적 하나님나라에 관심을 가지고 신앙생활을 하게 만들었다.

그러나 그렇게 되면, 기도의 성취(부분적이라 할지라도)는 지금 이 땅에서 우리의 믿음을 통해 이루어져야 함에도 불구하고, 여전히 하나님께 간구만 하거나 그 성취를 미래적으로 더 나아가서 재림 때 이루어질 것으로 소망만 하는 신앙생활을 할 수밖에 없다. '그날(오순절 성령 강림)' 이후를 사는 하나님의 자녀는 '이미 시작되었지만 아직은 완전하지 않은(already but not yet)' 현재적 하나님나라에서 주신 성령의 능력으로 약속의 말씀을 이 땅에 이루어가야 한다. 그것이 바로 예수 그리스도 안에서 하나님의 자녀로, 하나님의 상속자로(롬 8:17), 유업을 이어가는 것이다(갈 4:7).

하나님께서는 태초에 천지만물을 지으시고 오직 육신을 지닌 자녀에게만 이 땅을 다스릴 권세를 주셨다(창 1:26). 따라서 하나님께서는 지금도 하나님의 자녀를 통해서만 이 땅에 영광을 나타내시고 뜻을 이루실 수 있다.

이제 새 언약 아래 살고 있는 우리는 더 이상 율법의 저주 가운데서 율법을 지켜 행함으로 주의 약속을 받아내는 존재가 아니라, 예수 그리스도 안에서 율법의 저주에서 벗어난 하나님의 자녀로 성령을 통하여 하나님 아버지와 교제하며 그분의 영광 안에서 타락한 세상을 다시 하나님의 나라로 회복시키는 존재가 되었다는 것을 알아야 한다.

우리는 예수님께서 가르쳐주신 주기도문을 과거 율법주의적(행위보상적) 관점에서가 아닌, 하나님의 통치에 따라 하나님의 뜻이 이 땅에 이루어지는 관점에서 보아야 한다. 따라서, 주기도는 인간의 관점에서가 아니라 하나님의 관점에서 보아야 한다.

주기도문의 '현재적' 성취에 대해 이해해야 한다

ἐλθέτω ἡ βασιλεία σου 당신의 나라가 임하시오며
γενηθήτω τὸ θέλημά σου 당신의 뜻이 이루어지이다 (이하 생략)

여기서 사용된 3인칭 명령형 '임하시오며'(ἐλθέτω)는 문법적으로 단순과거(aorist) 명령형이다. 헬라어 명령형은 크게 현재시제(present tense)와 단순과거시제(aorist tense)가 있다. 그런데 헬라어 명령형의 시제는 영어에서처럼 현재와 과거를 나타내는 것이 아니라, 동작의 형태(mode of action), 즉 동작의 반복과 동작의 일회성을 뜻한다. 즉, 현재명령은 '반복적인 동작'을, 단순과거명령은 '일회적인 동작'을 가리킨다. 따라서 단순히 문법적으로만 보면, 단순과거 명령형으로 표현된 주기도문의 청원(일이 이루어지도록 청하고 원함)은 일회성을 나타낸다. 다시 말해, 현재 우리의 삶에(now & here) 하나님나라가 임하고, 하나님의 뜻이 반복적으로 이루어진다는 의미보다는, 예수님의 재림 때 '단번에' 하나님나라가 임하고, 하나님의 뜻이 완성된다는 의미가 된다. 이 때문에 "주기도문은 '종말론적'(eschatological)이다"라고 주장하는 학자들도 다수 있다. 그러나 그렇다고 하더라도 주기도문의 '현재적' 차원을 무시해서는 안 된다. 더욱이 주기도문을 제대로 이해하려면 단순히 특정 구절의 시제로만 판단할 것이 아니라 신약 전체를 통해 예수님의 복음적 메시지와 제자들의 순종과 행함 전부를 보고 포괄적으로 판단해야 한다.

주기도문의 현재적 차원을 입증하는 예를 들어 보자.

첫째, 문법적으로 단순과거 명령형이 모두 '일회적인 동작'만을 지시한다고 일반화할 수는 없다. 예를 들어, 예수님은 마태복음 5장 16절에서 "이같이 너희 빛이 사람 앞에 비치게 하여($\lambda\alpha\mu\psi\acute\alpha\tau\omega$) 그들로 너희 착한 행실을 보고 하늘에 계신 너희 아버지께 영광을 돌리게 하라"고 말씀하셨다. 여기서 '비치게 하여'로 번역된 헬라어 동사 '$\lambda\alpha\mu\psi\acute\alpha\tau\omega$'[람프사토]는 주기도문의 '임하시오며'의 원어 '$\dot\epsilon\lambda\theta\acute\epsilon\tau\omega$'[엘테토]와 그 문법적 형태가 같다. 다시 말해, '비치게 하여($\lambda\alpha\mu\psi\acute\alpha\tau\omega$)'는 단순과거 명령형이다. 따라서 문법적으로만 보면 "너희 빛을 사람 앞에 비치게 하라"는 말씀은 '일회적인 동작'에 그치는 것으로 해석해야 할 것이다. 그러나 누구도 이 말씀을 그렇게 해석하지 않는다. 우리는 사람들 앞에 빛(선행)을 '지속적'으로 비추어야 할 사명이 있기 때문이다. 따라서 문법적으로, "예수님 재림 때 하나님나라가 '단번에' 임하여 완성된다"는 종말론 일변도의 주기도문 해석은 그 근거가 희박하다.

둘째, 마태복음을 전체적으로 보면, 하나님나라의 '현재적 도래'는 매우 분명하다. 하나님나라의 '완성'은 종말적이지만, 그 나라의 도래는 '현재적'이다. 마태복음 12장 28절은 예수님의 말씀을 분명히 하고 있다. "그러나 내가 하나님의 성령을 힘입어 귀신을 쫓아내는 것이면 하나님의 나라가 이미 너희에게 임하였느니라" 여기서 '임하였느니라'에 해당하는 헬라어 동사 '$\dot\epsilon\phi\theta\alpha\sigma\epsilon\nu$'[에프타센]은 과거시제이다. 하나님나라는 재림 때 단번에 임할 미래적 사건이 아니라,

'이미' 우리 가운데 도래한 현재적 실재라는 의미이다. 이는 예수님의 하나님나라 비유를 통해서도 확인할 수 있다. "천국은 마치 여자가 가루 서 말 속에 갖다 넣어 전부 부풀게 한 누룩과 같으니라(마 13:33)." 여기서 '넣어'로 번역된 헬라어 동사 'ἐνέκρυψεν'[에넥크륍센]은 과거시제이다. 누룩(천국)은 가루 서 말(세상) 속에 이미 들어왔다. 이 비유는 천국, 곧 하나님나라의 현재성을 분명히 보여주는 대표적인 사례이다.

셋째, 주기도문 내용 자체가 '현재성'을 내포하고 있다. 예를 들어 주기도문에는 "오늘 우리에게 일용할 양식을 주시옵고"(11절)와 "우리를 시험에 들게 하지 마시옵고"(13절)와 같은 간구가 등장한다. 이 청원들은 예수님 재림 때에 단번에 이루어질 종말적 사건을 의미하지 않는다. 생각해보라. '일용할 양식', 곧 육적 양식만이 아닌 말씀의 양식은 현재를 살아가는 우리의 삶에 반드시 필요하다. 또한 종말의 때에는 "시험에 들게 하지 마시옵고"라는 청원이 필요 없을 것이다. 왜냐하면 재림 때에는 예수님께서 모든 악을 멸하시고 온 세상을 새롭게 하실 것이기 때문이다. 그러므로 "시험에 들게 하지 마시옵고"라는 기도는 현재 이 땅을 살아가는 우리에게 계속적으로 필요한 청원이다. 이처럼 주기도문의 내용 자체가 '현재성'을 내포하고 있기 때문에 '하나님나라의 도래'를 현재와 무관한 종말적 사건으로 이해하는 것은 옳지 않다.

이상에서 살펴본 바와 같이 주기도문의 '하나님나라'는 종말적 시점의 '완성'만이 아닌 현재적 시점의 '도래'도 말해준다. 하나님나라의 '현재성'은 주기도문의 내용과 문법을 고려하고 사복음서 전체의 내용과 비교해보아도 분명하다. 우리는 주기도문을 통해 현재 우리 가운데 도래한 하나님나라를 이해하고 묵상하며 그 나라로 침노해 들어가야 한다.

주기도문의 실현 시점을 알아야 한다

주님이 가르쳐주신 주기도는 예수님께서 공생애 기간 동안 실제로 하나님과 교제하시던 기도에 기초하여 제자들에게 가르쳐주신 것이다. 그 당시 인자(人子)로서 이 땅에 오신 예수님만이 하나님나라의 삶을 사셨다. 그래서 하나님나라의 복음을 선포하셨고, 그 선포에 따르는 실체를 친히 보여주셨다. 그렇게 하기 위해서 예수님께서는 주기도문과 같이 기도하시며 매일 하나님과 교제하셨고, 주의 뜻을 이루셨고, 마귀에게 승리하셨고, 하나님께 영광을 올려드렸다.

그 당시 유대인들과 종교 지도자들이 하는 기도는 예수님께서 드리는 기도와 너무나 달랐다. 그래서 제자들은 예수님께 예수님께서 하시는 기도를 가르쳐달라고 요청했고, 이에 예수님께서는 제자들에게도 당신이 하신 것과 동일한 기도를 가르치기 원하셨다. 그러나 그때에는 제자들이 기도에 따른 실체적[5] 경험은 아직 할 수 없었다. 왜냐하면 기도의 실제적 체험은 예수님의 죽으심과 부활 그리고 보

---

5) 실체적(實體的, substantial)라는 뜻은 보이지 않는 영이요 생명이신 주의 말씀이 이 땅에 물리적 현실로 나타난다는 의미이다.

혜사 성령님의 강림 이후, 즉 현재적 하나님나라의 도래 이후에나 가능하기 때문이다. 잘 알다시피 예수님께서 주기도를 가르치신 시점은 예수님께서 아직 죽으시고 부활 승천하시기 전이었고, 그렇기 때문에 제자들은 아직 하나님나라에 들어가지 못한 시점이다. 따라서 그 하나님나라의 도래를 전제로(예수님께서 제자들에게 기도를 가르쳐주신 시점에서는 아직 도래하지 않았지만), 제자들이 어떻게 하나님 아버지와 교제하고 주의 뜻을 이루어가야 하는지 가르치신 것이 바로 주기도문이다.

현재적 하나님의 나라는 예수 그리스도께서 십자가에서 "다 이루었다" 하시고 죽으신 후 부활 승천하시고 약속하신 보혜사 성령님을 보내주신 '그날' 이후부터 시작되었다. 지금 '그날' 이후의 삶을 살고 있는 우리는 예수 그리스도 안에서 하나님의 자녀이자 동시에 예수 그리스도의 제자적 삶을 사는 자이다. 따라서 우리는 주기도문을 그 당시 예수님께서 제자들에게 미래적으로 가르쳐주셨던 것과 같은 관점으로 보아서는 안 되며 예수님께서 이미 이루신 것에 기초하여 현재적으로 받아들이고 적용해야 한다. 이것은 주기도를 배운 제자들이 하나님나라가 도래한 후에 이 기도를 어떻게 적용했는지 살펴보면 알 수 있다. 우리는 주기도문을 그 당시의 시점과 관점에서 보는 것이 아니라, 이미 도래한 하나님나라의 시점과 관점에서 새롭게 보아야 한다. 주기도는 예수님께서 제자들에게 남기신 유언과도 같다. 왜냐하면 그 기도는 예수님께서 죽으신 후에야 이루어지는 기도이기 때문이다.

이로 말미암아 그는 새 언약의 중보자시니 이는 첫 언약 때에 범한 죄에서 속량하려고 죽으사 부르심을 입은 자로 하여금 영원한 기업의 약속을 얻게 하려 하심이라 유언은 유언한 자가 죽어야 되나니 유언은 그 사람이 죽은 후에야 유효한즉 유언한 자가 살아 있는 동안에는 효력이 없느니라 히 9:15-17

주기도문은 앞으로 일어날 일(하나님나라의 도래와 하나님의 자녀 됨)을 이미 일어난 일로 전제하고, 그 일이 일어났을 때 어떻게 예수님처럼 기도하며 살아가야 하는지 가르쳐주신 것이다. 즉, 하나님의 자녀가 될 제자들(그 당시 그 시점에서 제자들이 아직 자녀가 되지 않았지만)이 앞으로(예수님께서 부활 승천하신 후 영원히 함께하시는 동안) 어떻게 기도해야 할지 가르쳐주신 것이다. 이러한 사실은 주기도의 첫 문장이 "하늘에 계신 우리 아버지여"로 시작되는 것만으로도 알 수 있다. 하나님을 우리 아버지라고 부를 수 있다는 것은 제자들이 예수 그리스도 안에서 하나님의 자녀가 되었다는 것을 전제로 하기 때문이다. 그렇기 때문에 주기도는 앞으로 하나님의 자녀가 될 것을 기대하며 드리는 기도가 아니라, 이미 하나님의 자녀가 된 자가 드리는 기도이다.

또한 "나라가 임하시오며"라고 기도하는 것은 아직 오지 않은 나라(통치)를 구하는 것이라고 생각할 수 있지만, 사실은 그렇지 않다. 예수님께서 가르치신 주기도문은 이미 그분의 통치가 임한 것을 전제로 우리에게 가르치신 것이다. "나라가 임하시오며"라고 기도하는 것은 예수 그리스도의 부활 승천과 성령 강림으로 인하여 이 땅에 하나님의 나라(통치)가 임했기 때문에, 우리의 삶 속에서 그분의 통치(나라)가 실제적으로 임하시도록 하기 위함이다. 다른 말로, 이미 주의 약속의 말씀이 이루어졌기 때문에, 그 실체를 누리기 위해서 우리가 그 약속을 실현시키고자 기도하는 것이다.

지금까지 우리가 하나님나라의 복음에 대해 제대로 알지 못하기 때문에 하나님의 자녀에게 가르쳐주신 주기도문을 제대로 이해하지 못했고, 많은 주기도문 해설이 구약적 사고방식에 기초하여 행해졌다. 주기도문은 우리의 관점에서 이해될 수 있는 기도가 아니다. 오직 하나님나라의 관점에서만 그 놀라운 기도의 비밀이 풀어질 수 있다. 주기도의 내용은 우리가 지키고 행해야 할 것이 아니라, 내 안에 계신 예수님께서 이미 이루신 약속을 우리가 이루어나가야 할 것이다.

물론 우리가 살고 있는 현재적 하나님나라는 구원을 이루어가는 시기이지 그 구원이 완성된 시기는 아니다. 예수 그리스도께서 재림하실 때 비로소 구원이 완성될 것이며, 그때 주기도문의 모든 내용이 이루어질 것이다. 따라서 우리는 주님께서 가르쳐주신 기도를 가지고 삶의 모든 영역에 하나님의 나라가 이루어지도록 해야 한다.

현재적 하나님나라의 속성을 이해해야 한다

하나님나라가 도래한 후 하나님의 자녀들은 현재적 하나님나라에서 살고 있다. 예수님께서 재림하시기 전까지의 현재적 하나님나라에서 우리는 지금 '이미'의 영역에 살고 있지만, 한편으로 '아직'의 영역에 살아야 하는 이중적 특성을 가지고 있다. 그러나 이 부분을 구체적으로 명확하게 이해하지 못하면, 결국 세대주의적 영향을 받아 지금 여기의 삶에서 실제적으로 하나님의 뜻을 이루기보다는 주의 말씀을 영적으로 해석하거나, 단지 소망하는 것으로 받아들이거나, 자신의 삶을 세상신과 믿지 않는 자들과의 영적 전쟁이 아닌 교회 내 성도 간의 교제로 축소시키게 된다.

이러한 이중적 특성을 이해하려면 두 가지 측면에서 현재적 하나님나라를 이해해야 한다. 첫째는 우리 자신의 정체성 관점에서 본 현재적 하나님나라에 대한 것이고, 둘째는 예수 그리스도로 인하여 주어진 약속의 말씀의 관점에서 본 현재적 하나님나라에 대한 것이다.

먼저 우리 자신의 정체성과 현재적 하나님나라의 관계에 대해 알아보자. 앞서 언급한 것처럼 주기도문은 이미 예수 그리스도 안에서 새로운 피조물이 된 자, 즉 하나님의 자녀들이 이 땅에 주의 뜻을 이루도록 하기 위해 주님이 가르쳐주신 기도이다.

우리가 하나님의 자녀가 되었다는 것은 중생(重生)을 통해 구원받았다는 것을 의미한다.

즉 육적 존재에서 영적 존재로 변화되었다.

육으로 난 것은 육이요 영으로 난 것은 영이니 내가 네게 거듭나야 하겠다 하는 말을 놀랍게 여기지 말라 요 3:6,7

우리는 하나님의 생명을 얻은 자이다.

또 증거는 이것이니 하나님이 우리에게 영생을 주신 것과 이 생명이 그의 아들 안에 있는 그것이니라 아들이 있는 자에게는 생명이 있고 하나님의 아들이 없는 자에게는 생명이 없느니라 요일 5:11,12

하나님으로부터 태어나서 예수 그리스도 안에 있는 자이다.

너희는 하나님으로부터 나서 그리스도 예수 안에 있고 예수는 하나님으로부터 나와서 우리에게 지혜와 의로움과 거룩함과 구원함이 되셨으니 고전 1:30

이제 내가 사는 것이 아니요 그리스도께서 사시는 자이다.

내가 그리스도와 함께 십자가에 못 박혔나니 그런즉 이제는 내가 사는 것이 아니요 오직 내 안에 그리스도께서 사시는 것이라… 갈 2:20

이제 더 이상 육신의 생각이 아닌 영의 생각으로 살아가는 자이다.

육신을 따르는 자는 육신의 일을, 영을 따르는 자는 영의 일을 생각하나니 롬 8:5

예수님께서는 새로운 피조물의 삶은 자기를 부인하고 자기 십자가를 져야 가능하다고 말씀하셨다.

이에 예수께서 제자들에게 이르시되 누구든지 나를 따라오려거든 자기를 부인하고 자기 십자가를 지고 나를 따를 것이니라 마 16:24

한편, 영적 존재의 삶은 지금까지 '나'라고 생각한 마음이 주체가 된 겉사람의 삶이 아니라 그리스도 안에서 성령에 이끌리는 속사람의 삶이라고 말한다.

너희가 육신대로 살면 반드시 죽을 것이로되 영으로써 몸의 행실을 죽이면 살리니 롬 8:13

오직 너희의 심령이 새롭게 되어 엡 4:23

그러므로 우리가 낙심하지 아니하노니 우리의 겉사람은 낡아지나 우리의 속사람은 날로 새로워지도다 고후 4:16

더 놀라운 사실은 예수님께서 바리새인들에게 하나님의 나라는 너희 안에 있다고 말씀하셨다는 것이다.

바리새인들이 하나님의 나라가 어느 때에 임하나이까 묻거늘 예수께서 대답하여 이르시되 하나님의 나라는 볼 수 있게 임하는 것이 아니요 또 여기 있다 저기 있다고도 못하리니 하나님의 나라는 너희 안에 있느니라 눅 17:20,21

무릇 하나님의 영으로 인도함을 받는 사람은 곧 하나님의 아들이라

롬 8:14

우리는 이 말씀을 통하여, 그리스도 안에 있는 새로운 피조물, 영적 존재, 영의 인도함, 속사람, 하나님의 자녀, 심령으로 새롭게 됨, 우리 안에 있는 하나님의 나라 등의 단어들이 마치 보물섬의 지도 조각처럼 여겨진다는 생각이 들 것이다.

이제 이 말씀을 정리해보자. 우선 이 질문에 스스로 답해보는 것이 좋을 것 같다. 우리가 예수 그리스도를 믿기 전 의식의 주체인 '나'와 예수 그리스도를 믿은 후 '나'는 같은 '나'인가 다른 '나'인가? 만약 같다면 과거에는 부처님을 믿고 절에 다녔는데 지금은 회개하고 예수님을 믿는다는 차이밖에 없다. 즉, 부처님을 믿든 예수님을 믿든 그 믿음의 주체는 바로 과거의 '나'일 뿐이다. 그렇다면 예수 그리스도의 죽으심에 연합한 나의 죽음, 그리스도 안에 있는 새로운 피조물, 영적 존재는 무엇이라고 생각하는가? 자기를 부인하고 자기 십자가를 진다는 것은 무엇이라고 생각하는가? 구원은 새로운 피조물로서 중생(새롭게 태어나는 것)을 경험하는 본질적 변화이다.

우리가 죄를 짓고 타락했을 때 하나님의 영광이 떠나고 우리는 영적 죽음을 경험했으며 그 결과 우리는 더 이상 하나님의 본성을 나타내지 못하고 마귀의 본성을 나타내는 존재로 전락했다. 결국 마귀는 본래 하나님의 영광을 드러내는 통로인 우리 마음을 우리 자신이라고 믿게 하였다.

지금 소리 내어 "내 마음" 그리고 "내 몸"이라고 해보라. 우리는 지금 '제한된 동일시'[6]로 자기 마음이나 육체를 자기 자신이라고 생각하고 있다. 바로 그 의식의 흐름이 '거짓자아'[7]이다. 성경에서는 이것을 겉사람이라고 부른다. 타락 전 본래 인간의 마음은 거룩한 본질(하나님의 의식)로부터 나오는 주의 말씀을 그리고, 영광을 드러내는 통로의 역할을 했는데, 이제는 그 마음이 자신이라고 믿게 된 것이다.

그러나 오순절 성령 강림 이후 우리가 예수 그리스도를 믿고 그분의 죽으심에 연합할 때 약속하신 보혜사 성령님이 오심으로 우리는 다시 하나님의 자녀로서 영생을 얻은 자, 본질적으로는 죄를 지을 수 없는 새 생명 가운데 새로운 자아(divine nature)를 지닌 영적 존재가 되었다. 성경에서는 이 존재를 속사람이라고 부른다.

---

6) '제한된 동일시'는 하나님의 영광이 떠남으로 인하여 자신의 몸이나 마음을 자기의식과 동일시하는 것을 의미한다. 시간, 공간, 물질에 제한된 현실세계에 존재하는 자신을 "나는 누구이다"라고 생각하게 된다. 그때 자기의식은 자신의 육적인 것(육체, 생각, 감정)을 자신으로 동일시하는 것이다. 이 제한된 동일시를 통해서 '거짓자아'가 형성되고 그 결과로 세상이라는 외부와 구분이 된다. 즉 육체의 조건에 의해서 제한된 의식의 흐름을 자아라고 여기지만 그것은 '거짓자아'일 뿐이다. 심리학에서는 이것을 '에고'라고 부르고, 성경에서는 겉사람이라고 부른다.

7) 거짓자아는 우리의 마음이 만든 허상일 뿐이다. 성경에서는 거짓자아와 하나님의 생명에 의해 주어진 새로운 자아(새 본성, divine nature)를 비교할 때 겉사람과 속사람이라고 한다. 겉사람은 혼적 존재이지만 속사람은 영적 존재이다. 성경에는 속사람과 반대되는 의미로 겉사람이라는 말을 사용하며, 구원받은 후에도(옛 본성이 없고 새 본성이 있음에도 불구하고) 여전히 거짓자아에 이끌려 가는 현실적 존재를 육신 또는 육체라고 부른다.

한편, 예수 그리스도를 믿기 전, 즉 중생하기 전에 옛본성에 기초하여 자신의 마음이 자기라고 믿는 거짓자아에 기초하여 사는 사람을 옛사람이라 부른다. 반면에 중생(重生)을 통하여 하나님의 생명이 임하심으로 새로운 자아(새 본성)가 형성된 사람을, 본인의 마음이 깨닫든 깨닫지 못하든, 새사람[8]이라고 한다.

> 너희는 유혹의 욕심을 따라 썩어져 가는 구습을 따르는 옛 사람을 벗어 버리고 오직 너희의 심령이 새롭게 되어 하나님을 따라 의와 진리의 거룩함으로 지으심을 받은 새 사람을 입으라 엡 4:22-24

우리가 알아야 할 중요한 사실은 우리가 새 사람이 되었음에도 불구하고, 속사람뿐만 아니라 여전히 겉사람이 함께 존재한다는 것이다. 다른 말로 우리가 새 생명에 기초한 새로운 자아가 있음에도 불구하고, 대부분 여전히 자신의 마음이 자기라고 믿는 거짓자아에 속고 살고 있다는 것이다. 문제는 마음이다. 우리가 그 마음에서 벗어나 새로운 자아를 경험하는 대신에 그 마음으로 자신을 변화시키려고 애쓴다는 것이다. 이 점에 대해서 사도 바울은 로마서 7장에 잘 기록하고 있다(롬 7:15-25). 이것이 우리가 구원을 받았지만

---

8) 우리가 예수 그리스도를 믿을 때 우리의 옛 본성(sinful nature)은 죽고 하나님의 생명으로 인하여 우리는 새 본성(divine nature)을 지닌 존재가 되었다. 성경에서는 옛 본성에 기초하여 거짓자아로 살아가는 사람을 옛사람이라고 말하며, 반대로 예수 그리스도를 믿음으로 인하여 그리스도의 영으로 인한 새로운 자아(새 본성)를 가지고 마음을 새롭게 하여 사는 자를 새사람이라고 부른다.

왜 여전히 죄를 짓고 절망하는지에 대한 이유이고, 예수님께서 "누구든지 나를 따라오려거든 자기를 부인하고 자기 십자가를 지고 나를 따를 것이니라(마 16:24)"라고 말씀하신 이유이다.

정체성의 관점에서 볼 때 우리가 예수 그리스도의 죽으심에 연합함으로 인하여 예수 그리스도 안에 있는 하나님의 생명이 우리에게 주어졌고(요일 5:11-13), 하나님의 자녀로서 우리의 본질적 존재(새 생명으로 인한 새로운 자아)는 영생을 누리며 죄를 지을 수 없다(요일 3:9). 이것이 현재적 하나님나라에서의 '이미(already)'이다. 그러나 우리 안에는 여전히 유혹의 욕심을 따라 썩어져가는 구습을 따르는 마음이 자기라고 믿고 우리의 삶을 이끌어 가고자 하는 거짓자아는 남아 있다.

사단은 우리의 과거의 상처와 쓴뿌리, 세상의 풍조, 사람과의 관계, 물질, 육신의 질병 등을 통하여 계속적으로 우리의 마음이 자신이라고 믿게 만들며, 그 마음이 시험과 유혹을 통해서 죄를 짓게 만든다. 그 결과로 그들은 원하는 대로 우리를 도둑질하고 죽이고 멸망시키고자 한다. 이것이 바로 현재적 하나님나라에서의 '아직(not yet)'이다. 따라서 우리가 육신으로 살아가는 동안 그리스도 안에 있는 새로운 자아가 자신의 마음을 본래적 기능으로 돌리는 일을 날마다 행해야 한다. 그러한 삶이 바로 영으로써 몸의 행실을 죽이는 삶이다(롬 8:13). 이 사실을 이해한다면 주기도문은 겉사람을 위한 기도가 아니라 바로 이 속사람의 관점에서 겉사람을 새롭게 하고 주의 뜻을 이루기 위한 기도라는 사실을 알게 될 것이다.

우리가 예수 그리스도를 믿을 때 성령님이 내주하시지만, 그 내주만으로 우리는 하나님나라의 삶을 경험할 수 없다. 하나님의 나라는 하나님의 통치이고, 하나님의 통치가 우리 안에 있기 위해서는 첫번째 그분이 계셔야 하지만(성령의 내주하심), 그분의 통치, 주권, 치세가 주어지지 않는다면 그의 나라가 될 수 없다.

　일반적으로 우리 자신을 주님께 드릴 때(우리의 마음이 자신이 아니라는 것을 알고 회개할 때) 오순절 날 같은 성령강림을 경험하게 된다. 우리는 그 성령체험을 통해서 그분께서 우리의 심령에만 계시는 것이 아니라 우리의 혼과 육을 통치하시는 것을 경험하게 된다. 이것은 바로 우리가 "나라가 임하시오며"(나에게 성령님이 임하셔서 내 혼과 육을 통치하심으로), "뜻이 하늘에서 이루어진 것같이"(그리스도 안에 새로운 자아가 만들어진 것같이), "땅에서도 이루어지이다"(우리의 마음을 새롭게 해야 한다)"라고 기도하는 것과 같다.

　성령충만한 삶이 바로 하나님나라의 삶을 의미한다. 즉 우리의 마음을 포기하고 성령의 임재의식 안에 지속적으로 거하는 상태가 성령충만함이고, 예수 그리스도 안에서 성령님이 우리의 혼과 육을 통치하는 삶이 하나님나라이다("하나님나라는 너희 안에 있느니라", 눅 17:21). 따라서 우리의 본질은 이미 하나님나라의 삶을 살고 있지만, 우리의 혼과 육은 성령충만할 때는 현실적으로 그의 나라가 임하지만(하나님의 통치 아래 있지만), 성령의 소욕에 붙들림을 받지 못할 때는 언제든지 세상나라가 되는 것이다(마귀의 통치 아래 있게 된다).

　우리의 육신[9]이 도래한 하나님나라를 실제로 경험하기 위해서는 내 마음은 나라고 믿게 하는 거짓자아를 부정해야 한다. 마음은 마음일 뿐 더 이상 내가 아니라는 사실을 깨달아야 한다. 그것은 오직 성령의 역사를 통해서만 체험될 수 있다. 이제는 성령 안에서 새로운 자아가 우리의 마음을 새롭게 하는 것을 훈련해야 한다. 그것이 바로 예수님께서 말씀하신 "자기를 부인하고 자기 십자가를 져야 한다"는 뜻이고(마 16:24), 죽기 전에 먼저 죽어야 하는 이유이고(마 16:25), 사도 바울이 매일 죽는 것을 자랑하는 이유이고(고전 15:31), 죽을 육체에 예수의 생명이 나타나도록 해야 하는 이유이다(고후 4:10,11).

우리 안에 하나님께서 계심으로 인하여 모든 은혜는 이미 우리에

---

9) 성경에서 육신 혹은 육체라고 표현하는 것은 단순히 몸을 말하는 것이 아니다. 몸이라는 것은 사람을 영혼육으로 나눌 때 육에 속하는 것이 바로 σῶμα(소마, body)이다. 성경에서 육신(σάρξ, 사릌스, flesh)이라는 것은 새 본성이 있음에도 불구하고 하나님의 자녀답게 살지 못하고(성령의 인도함을 받지 못하고, 새 본성에 이끌림을 받지 못하고) 여전히 구습에 따라 (혹은 자신의 마음이 내키는 대로, 거짓자아에 이끌리는) 사는 현실적 존재(인간의 외적인 상징)를 일컫는다. 성경에서는 '육신을 따르는', '육신의 생각은', '육신에 있지 않고', '육신에게', '육신대로' '육체의' 등으로 표현한다.

성경에서는 이 표현은 구원을 얻지 못한 자보다 구원을 얻었지만 하나님의 자녀로 온전하게 살지 못하는 데 주로 사용한다. 예를 들어, "육신을 따르지 않고 그 영을 따라 행하는(롬 8:4)", "성령을 따라 행하라 그리하면 육체(사릌스)의 욕심을 이루지 아니라(갈 5:16)"를 생각해 보면, 하나님의 자녀가 되지 못한 사람은 성령을 따라 행할 수 없다. 따라서 육체의 욕심을 이루는 자는 불신자를 가리키는 것이 아니라 구원받은 하나님의 자녀들을 지칭하는 것이며, 구원받은 자녀라 할지라도 얼마든지 육체의 욕심을 이루는 삶을 살 수 있다는 것을 말하고 있다.

마지막으로 알아야 할 한 가지 중요한 사실은 육신대로 산다는 것은, 새본성(divine nature)에 이끌림을 받지 못하고 여전히 거짓자아에 이끌리는 삶을 사는 상태(존재)를 의미하지만 그렇다고 옛본성(sinful nature)에 이끌리는 삶을 사는 상태(존재)를 의미하는 것은 아니다. 믿는 자에게 옛본성은 이미 십자가에 못 박혔고, 우리의 심령 안에 하나님의 영이 계시기 때문에 더 이상 존재하지 않는다.

게 주어진 것이다. 이제 주의 약속의 말씀을 이 땅에 이루는 것은 하나님께 달려 있는 것이 아니라 하나님의 자녀인 우리에게 달려 있다. 우리의 마음을 포기하고 주의 뜻에 우리의 마음을 일치시키는(의롭게 되는) 만큼 뜻이 하늘에서 이루어진 것같이 이 땅에서도 이루어질 것이다. 그러나 우리가 육신으로 사는 동안에는 주의 뜻이 온전히 드러날 수는 없을 것이다. 왜냐하면 우리가 마귀의 부모로부터 태어나서 양육되었고, 오랫동안 흑암의 권세 아래, 세상의 풍조 아래 살아왔고 여전히 살기 때문이다. 그러나 주님께서 부르시는 그날까지 그리스도 의식(새로운 자아)이 우리의 몸과 마음을 새롭게 해 나가는 영적 전쟁을 치러야 한다. 하나님의 자녀는 이 땅에서 승리하기 위해서 행복을 추구하기 위해서 형통을 누리기 위해서 사는 것이 아니다. 하나님께서 허락하신 그날까지 주님께서 우리를 점점 더 온전히 통치함으로써, 주님의 기쁨을 나타내고, 주님의 영광을 드러내는 것이 하나님 자녀의 삶인 것이다.

두 번째는 예수 그리스도의 완전한 구원사역으로 인하여 우리에게 주어진 약속의 말씀의 법적인 측면과 실제적인 측면에 대한 것이다. 이미 많은 학자들이 현재적 하나님나라의 특징을 '이미 그러나 아직(already but not yet)'이라고 규정하며, 이미 시작되었지만 아직 완전하지 않는 상태가 바로 현재적 하나님나라의 특징이라고 말하고 있다. 많은 경우 '이미 그러나 아직'의 개념에 시간적 측면과 차원적 측면이 있다고 말하지만, 실제 이 현재적 하나님나라의 특징을 주로 시간적 측면에서만 강조할 뿐(현재적 하나님나라와 재림 시 임할 미래적 하나님나라), 차원적 측면(카이로스 시간 때 뜻이 하늘에서 이루어진 것같이 땅에서 이루어지는)에서 실현된 하나님나라에 대한 언급은 드물다.

한 예로 '이미 그러나 아직'에 대한 설명으로 자주 드는 D-day(이미)와 V-day(아직)를 통해서도 알 수 있다. 세계 2차 대전 때 연합군이 노르망디 상륙작전이 성공했을 때 이미 이긴 전쟁이었지만(D-day) 그 전쟁이 끝난 것은 1년이 지난 이후였다(V-day). 그동안 독일군은 끝까지 저항했지만, 연합군은 이미 패전한 그들을 쫓아다니며 완전히 소탕해 나갔다.

이 현재적 하나님나라의 설명에서 대부분의 경우 주로 시간적 측면에서 미래적 하나님나라가 아직 도래하지 않았다는 것만 강조를 할 뿐 차원적 측면에서 지금 여기에서 최선을 다해서 싸워야 한다는 것은 강조하지 않고 있다. 다른 말로 현재적 하나님나라는 이천 년 전에 이미 도래하였지만, 그 도래에 따른 '지금 여기(now & here)'에서의 현실적 성취를 소극적이고 패배적이고 방어적인 '아직'의 개념으로 보며, 그 현재적 실현을 예수님의 재림 후인 미래적 하나님나라로 돌리고자 한다. 그 이유는 세대주의적 신학의 영향을 받아 성령의 역사에 대한 부정적인 견해와 그로 인한 기사와 표적의 희귀성에 기초한 경험적 판단에 따른 해석 때문이 아닌가 생각해 본다.

예수 그리스도께서 선포하신 하나님나라는 보혜사 성령님의 강림으로부터 시작되었지만 지금 우리가 살고 있는 이 땅은 여전히 흑암의 권세 아래 있으며, 마귀의 영향력은 여전하며, 거짓과 속임으로 우리로 하여금 하나님나라의 복음을 듣지 못하게 하고 또한 육적인 삶으로 만족하게 만들고 있다.

그러나 하나님의 상속자요 유업을 이어받은 자녀들은 성령 안에서 늘 깨어 있어 이 현실에 묶이지 말고 그의 나라와 의를 구해야 하며, 그 결과로 하나님의 영광의 임재 안에서 주의 말씀을 믿고 선포하고 행동함으로써 실제적 하나님나라를 자신의 삶 속에서 실현시켜 나가야 한다.

다른 말로 하나님나라가 도래하지 않았기 때문에 그 도래를 구하는 것이 아니라 이미 하나님나라가 도래했기 때문에 '지금 여기'에서 그 실체를 나타내기 위해서 구해야 한다는 것이다. 그럼에도 불구하고 주의 약속이 '지금 여기'에 온전히 다 나타나지 않기 때문에 현재적 하나님나라의 제한이 있는 것이다.

핵심적인 요지는 예수님께서 이루신 약속의 말씀은 하나님의 자녀를 통하여 '지금 여기'에서 실체적으로 일어나고 있지만 완전치 않다. 그렇기 때문에 우리의 믿음과 선포를 통해서 능동적으로, 공격적으로 더 나타내도록 해야 하는 것이지(차원적인 측면에서 뜻이 하늘에서 이루어진 것같이 땅에서 이루어지도록), '이미 그러나 아직'을 단지 시간적 관점으로만 치우쳐 해석함으로 말씀의 실체를 나타내는 데 수동적인 태도를 취하거나 포기한 채 미래적 하나님나라에서 이루어진다는 식으로 생각하는 것은 잘못되었다는 것이다. 우리가 상속자라면 이 땅에서 마땅히 그 유업을 이어가야 한다.

이것이 바로 킹덤멘탈리티(kingdom mentality)의 핵심 중 하나이다. 이것을 보다 정확하게 이해하기 위해서 법적 측면과 실제적 측면에 대한 비유를 들어 생각해보자. 만약 어떤 사람이 집을 사기 위해서 대금을 지불하고 쌍방 간 계약서에 서명을 했다면, 실제 집을 보았거나 보지 않았거나 가보았거나 가보지 않았거나 법적으로는 이미 자신의 집이 된 것이다. 그러나 계약서를 가졌다 하더라도 실제로 그 집에 들어가 사는 것은 다른 이야기이다. 그가 자신의 집에 들어가 살기 위해서는 이미 그 집에 살고 있는 자를 내보내야 한다. 이와 마찬가지로 현재적 하나님나라의 속성은 하나님나라가 이 땅에 임하셨기 때문에 하늘에서 이루어진 것같이(법적으로 이미 이루어졌음), 우리의 믿음을 통해서 이 땅에서도 실제적으로 이루어야 한다(아직 현실적으로 이루지 못했기 때문에 자녀들이 믿음으로 이루어야 한다).

하나님께서 법적인 일을 이미 행하셨지만(뜻이 하늘에서 이루어진 것같이), 우리는 땅에서 현실적으로 그 일을 이루어나가야 한다(땅에서 이루어지이다). 그 과정은 아직 완성되지 않았으며, 그 과정은 우리의 순종과 거룩, 말씀과 성령, 믿음과 선포를 통하여 더 나타나게 될 것이며, 우리는 예수 그리스도의 재림 때까지 그 일을 이루어가야 한다.

이미 앞에서 언급한 바와 같이 주기도문의 실현시점을 제대로 이해하지 못하면, 기도의 문체를 통해서 주기도문을 마치 미래적 간구나 청원이 전부인 것처럼 생각하기 쉽다. 주기도문의 청원은 '이미'와 '아직'이라는 현재적 하나님나라의 시간적 관점에서만 이해하는 것이 아니라 차원적 관점에서 더 중요하게 해석되어야 한다. 즉, 지금은 아니지만 '나중에'라는 관점에서 간구하고 청원하는 것이 아니라 뜻이 하늘에서는 이미 이루어졌지만 아직 이 땅에 실체로 나타나지 않은 관점에서 보아야 한다. 따라서 우리가 간구하고 청원하는 것은 이미 하늘에서 이루어진 약속의 말씀에 기초한 것이기 때문에 지금 여기에서 믿음으로 그 말씀의 실체를 나타내어야 한다. 이것이 바로 상속자로 이어받아야 할 유업이다. 예수님께서 우리에게 말씀과 성령을 주시고 우리 안에 계신 이유가 무엇인가를 생각해보라.

주기도문에는 '이미'와 '아직'이라는 현재적 하나님나라의 종말론적 유보를 생각할 때 현재적 실현과 더불어 미래적 실현을 위한 청원도 함께하고 있다. 다른 말로 주기도문은 '이미'의 실현과 확장을 위한 청원기도일 뿐만 아니라 '아직'의 조속한 실현을 위한 청원기도이다.

그런데 안타깝게도 많은 주기도문의 가르침은 현재적 실현을 극히 제한적으로 기술하고 대부분이 미래적 청원으로만 치우쳐 설명하고 있다. 이제는 주기도를 보다 현재적 하나님나라의 실현의 관점에서 볼 줄 알아야 한다. 이러한 사실은 누가복음에서 예수님께서 주기도를 가르치시고, 그 기도의 응답에 대해서 연이어 가르친 것에서도 분명히 볼 수 있다(눅 11:5-13).

우리가 주의 뜻을 이루어가는 대신에 단지 "완전한 하나님의 통치가 오소서"라고만 기도하는 것은 현재적 하나님나라를 제대로 이해하지 못한 것이다. 이미 예수 그리스도로 말미암아 성령님이 우리 안에 계시고 약속의 말씀이 하늘에서 이루어졌기 때문이다. 또한, 하나님의 통치가 완성되는 것은 하나님께 달려 있는 것이 아니라 이제 하나님의 자녀인 우리에게 달려 있기 때문이다. 하나님께서 우리에게 행하신 일이 무엇인가? 바로 예수 그리스도를 통하여 우리의 죄를 사해주시고, 자녀삼아 주시고, 지혜와 계시의 정신을 주시고, 그리스도에 관한 신비한 계획을 우리에게 알려 주셨다. 그것이 무엇인가? 바로 예수 그리스도 안에서 하늘에 있는 것이나 땅에 있는 것이 다 통일되게 하려는 것이다.

> 우리는 그리스도 안에서 그의 은혜의 풍성함을 따라 그의 피로 말미암아 속량 곧 죄 사함을 받았느니라 이는 그가 모든 지혜와 총명을 우리에게 넘치게 하사 그 뜻의 비밀을 우리에게 알리신 것이요 그의 기뻐하심을 따라 그리스도 안에서 때가 찬 경륜을 위하여 예정하신 것이니 하늘에 있는 것이나 땅에 있는 것이 다 그리스도 안에서 통일되게 하려 하심이라 엡 1:7-10

그렇다면 하나님께서 예수님을 통해서 이루시고자 하는 계획이 자녀인 우리와 무슨 관계가 있는가? 어떻게 하늘에 있는 것이나 땅에 있는 것이 다 그리스도 안에서 통일될 수 있는가? 지금 예수 그리스도께서는 어디에 계시는가? 바로 우리 안에 계시지 않는가? 그리고 우리에게 가르쳐주신 기도가 무엇인가? 바로 하나님의 통치가 임한 이 세상에서 뜻이 하늘에서 이루어진 것같이 땅에서 이루어지도록 하라고 가르치셨다. 그 말은 우리를 통하여 그리스도가 나타나심으로 그 일이 이루어지도록 하라는 것이다. 할렐루야! 주기도는 현재적 하나님나라에서 주의 뜻을 실현시키기 위해 주님이 가르쳐주신 기도이다.

1. '이미 그러나 아직(already but not yet)'이라는 현재적 하나님나라의 속성은 무엇을 의미하는가?

2. 주기도문은 왜 하나님나라의 관점에서 해석되어야 하는가?

3. 예수님께서 주기도문을 가르쳐주신 시점과 그 기도의 실현 시점이 다르다는 것을 어떻게 알 수 있는가?

4. 현재적 하나님나라의 속성을 이해하기 위한 두 가지 관점인 '자아 정체성에 대한 이해'와 약속의 말씀의 '법적인 측면과 실제적 측면'에 대해서 자신의 말로 설명해 보라.

5

주기도문의 구성과 응답

주기도문의 구성

성경에서 주기도문은 신약성경의 마태복음 6장 9-13절 그리고 누가복음 11장 2-4절에서만 나온다. 두 복음서의 내용은 서로 완전히 일치하고 있으며, 마태의 주기도문은 좀더 상세히 기록되어 있다.

서언으로 :

"하늘에 계신 우리 아버지여"

본론으로 :

"이름이 거룩히 여김을 받으시오며

나라가 임하시오며

뜻이 하늘에서 이루어진 것같이 땅에서도 이루어지이다.
오늘 우리에게 일용할 양식을 주시옵고
우리가 우리에게 죄 지은 자를 사하여 준 것같이 우리 죄를 사하여주시옵고
우리를 시험에 들게 하지 마시옵고 다만 악에서 구하시옵소서"

그리고 송영으로 :
"(대개) 나라와 권세와 영광이 아버지께 영원히 있사옵나이다. 아멘"으
로 이루어져 있다.

일반적으로 마태복음 주기도문 전반부 세 가지 기도는 하늘에 계
신 '하나님'께 대한 것이고, 후반부 세 가지 기도는 지금 여기에 살고
있는 '우리'를 위한 기도라고 한다. 전반부는 하나님이 누구이신지
를 알게 됨으로써, 우리의 정체성이 확립되고 새로운 관계가 형성되
며 이 세상에 대한 하나님의 뜻이 무엇이며 우리 삶의 목적과 이유가
무엇인지를 알게 하는 기도이다. 반면에 후반부는 비록 하나님나라
가 임했고 우리가 하나님나라의 자녀이며 하나님의 유업을 이어받
았지만, 여전히 흑암의 권세가 영향력을 미치고 하나님을 믿지 않는
자들과 함께하며, 세상적인 유업을 이루고자 하는 그들과 부딪히는
이 땅에서 어떻게 살아야 하는지에 대해서 말하고 있다는 것이다.
　그러나 하나님나라의 관점에서 볼 때 주기도문은 전반부와 후반
부 기도로 나누어질 수 있는 것이 아니라 하나로 연결되어 있음을
알 수 있다. 즉, 주님께서는 기도의 전반부에서 하나님 아버지 이름

의 거룩하심과 나라의 임하심과 뜻이 하늘에서 이루어진 것과 땅에서의 성취를 위한 기도를 알려주셨고, 후반부에서는 하나님 자녀인 우리가 그 일을 실제적으로 이루기 위해서 필요한 일용할 양식과 회개와 용서, 그리고 시험과 악으로부터의 해방을 위한 기도를 우리에게 가르쳐주셨다. 흔히 생각하는 것처럼 하나님에 대한 기도가 따로 있고, 우리에 대한 기도가 따로 있는 것이 아니다. 이것이야말로 이원론적이고 세상적인 사고방식이다. 후반부는 전반부를 이루기 위한 구체적이고 실제적이고 전략적인 방법을 알려주고 있다. 또한 '우리'에 대해서 말하자면 전반부가 우리가 하나님과 새로운 관계를 위한 기도였다면 후반부는 하나님께서 우리를 통하여 이 땅에 주의 뜻을 이루기 위한 기도를 의미한다.

좀 더 구체적으로 설명하자면, 주기도문의 전반부 세 가지 청원, "이름이 거룩히 여김을 받으시오며, 나라가 임하시오며, 뜻이 하늘에서 이루어진 것같이 땅에서도 이루어지이다"는 하나의 내용이라고 볼 수 있다. 즉, 우리가 예수 그리스도 안에서 성령님을 통하여 하나님 아버지를 거룩히 여길 때 그분의 통치가 우리에게 임하고, 그 결과로 뜻이 하늘에서 이루어진 것같이 땅에서도 이루어지게 된다. 그리고 이러한 일들이 우리를 통해서 일어나기 위해서 필요한 것이 바로 후반부 세 가지 청원인 것이다.

이제 후반부의 세 가지 기도를 다시 생각해보자. 하나님께서 모든 것을 이미 주셨는데 우리가 다시 일용할 양식과 죄 사함과 악에서 구함을 위해서 기도할 필요가 있는가? 당연히 그렇게 해야 한다. 이미 법적으로 주셨기 때문에 우리는 주어진 것을 믿음으로 취하여 이 땅에서 내 삶을 통하여 실제적으로 이루어가야 하기 때문이다.

하나님나라의 도래에 따른 그리스도인의 삶의 좌표와 새로운 삶을 다시 생각해보라. 거짓자아의 주관적 관점이 아니라 예수 그리스도의 생명 안에 있는 관점, 이 땅의 현실적 관점이 아니라 이미 도래한 현재적 하나님나라의 복음적(마 6:10) 관점, 흑암의 권세 아래 사는 관점이 아니라 하나님 아들의 사랑의 나라에 사는 관점(골 1:13), 열심인 신앙생활과 간절한 기도의 관점(세상적 멘탈리티)이 아니라 하나님 영광의 임재와 그분의 뜻이 이루어지는 관점(킹덤멘탈리티), 간절한 기독교 신자의 관점이 아니라 하나님 자녀의 관점(갈 4:7), 육적이고 혼적인 관점이 아니라 영혼육의 하나됨의 관점, 율법적인(행위보상적인) 신앙적 태도가 아니라 주의 뜻을 이루어가는 태도, 믿음이 하나님의 마음을 움직이거나 무엇인가를 받아내는 수단이라는 관점이 아니라 은혜로 이미 주어진 것을 이 땅에 실체로 이루고자 하는 통로로 보는 관점, 자녀는 승리하거나 거룩해지기 위해서 살아가는 존재라는 관점이 아니라 주의 뜻과 형상을 드러내기 위해서 살아가는 존재라는 관점, 그리고 예수 그리스도께서 이미 이루신 말씀의 법적인 관점에 더하여 우리의 믿음을 통해서 현실에서 실체를 나타내어야 하는 관점 등은 현재적 하나님나라의 독특성을 나타내고 있다.

주기도에 따른 응답

이미 언급한 바와 같이 신약성경에서 주기도문은 마태복음 6장과 누가복음 11장에 나온다. 우리는 이 두 곳을 함께 봄으로써 예수님께서 우리에게 가르쳐주신 주기도의 진정한 의미를 보다 분명하게 알 수 있게 된다. 먼저 마태복음(마 6:5-8)을 통해서 예수님께서는 그 당시 기도의 잘못된 점을 지적하시면서, 기도의 의도, 장소, 방법에 대해서 구체적으로 가르쳐주셨다. 그리고 너희는 이렇게 기도하라고 말씀하시면서 주기도를 가르쳐주셨다. 한편, 누가복음에서는 주기도를 가르쳐주신 다음 곧바로 '또 이르시되'라고 말씀하시면서 그 기도에 따른 하나님의 응답(눅 11:5-13)에 대해서도 가르쳐주셨다. 그런데 우리는 이 구절을 그렇게 보지 않고 별개의 말씀으로 생각하곤 한다. 그리고 이 구절을 구약의 행위보상적 사고방식으로 해석함으로써 현재적 하나님나라의 실현을 위한 주기도문의 능력을 제대로 알지 못하고 있다.

또 이르시되 너희 중에 누가 벗이 있는데 밤중에 그에게 가서 말하기를 벗이여 떡 세 덩이를 내게 꾸어 달라 내 벗이 여행 중에 내게 왔으나 내가 먹일 것이 없노라 하면 그가 안에서 대답하여 이르되 나를 괴롭게 하지 말라 문이 이미 닫혔고 아이들이 나와 함께 침실에 누웠으니 일어나 네게 줄 수가 없노라 하겠느냐 내가 너희에게 말하노니 비록 벗 됨으로 인하여서는 일어나서 주지 아니할지라도 그 간청함을 인하여 일어나 그 요구대로 주리라 내가 또 너희에게 이르노니 구하라 그러면 너희에게 주실 것이요 찾으라 그러면 찾아낼 것이요 문을 두드리라 그러면 너희에게 열릴 것이니 구하는 이마다 받을 것이요 찾는 이는 찾아낼 것이요 두드리는 이에게는 열릴 것이니라 너희 중에 아버지 된 자로서 누가 아들이 생선을 달라 하는데 생선 대신에 뱀을 주며 알을 달라 하는데 전갈을 주겠느냐 너희가 악할지라도 좋은 것을 자식에게 줄 줄 알거든 하물며 너희 하늘 아버지께서 구하는 자에게 성령을 주시지 않겠느냐 하시니라 눅 11:5-13

전통적인 관점에서 볼 때 흔히 이 말씀을 통해서 두 가지 배움을 얻어야 한다고 말한다. 첫 번째, 기도는 자기 욕망을 추구하는 도구가 아니라 타인을 향한 자비의 실천이 되어야 한다는 것이며, 그것이 기도의 본질이라고 말한다. 심지어는 우리 자신을 위해서 기도하면 하나님께서 잘 응답해주시지 않지만 타인을 위해서 기도할 때는 주님께서 쉽게 들어주시는 근거로 들기도 한다. 언뜻 생각하기에는 흔히 우리가 가지고 있는 이기주의적이고 자기중심적인 사고방식에서 벗어나도록 가르치는 것이라고 생각되지만, 사실은 여전히 세상적 사고방식에서 벗어나지 못한 생각일 뿐이다. 두 번째, 하나님께 구할 때는 하나님께서 주실 때까지 간청해야 한다는 것이다. 즉 온전한 믿음을 가지고 최선을 다해서 포기하지 말고 계속 기도해야 우리의 기도에 응답하신다는 것이다. 다른 말로 우리가 생각하기에 기도 내용이 불가능에 가까울지라도 하나님께서는 우리가 정말 믿음을 가지고 있는지 그리고 정말 간절히 기도하고 있는지 우리 마음의 태도를 보시고 결정하신다는 것이다.

이러한 해석은 주기도문의 참뜻을 이해하지 못한 것일 뿐만 아니라 그러한 해석은 성경의 다른 곳에서 예수님께서 가르치신 말씀과도 상충된다. 예를 들어, 지금 읽은 구절에서 예수님께서는 "구하라, 찾으라, 두드리라"라고 말씀하셨고, 그리하면 받을 것이고, 찾아낼 것이고, 열릴 것이라고 말씀하시면서, 왜 아버지께서 사랑하는 자녀들에게 주시지 않겠는가 라고 오히려 반문하신다. 다른 예는 마가복음 11장 24절의 말씀이다. 기도는 하나님 자녀인 우리를 위한 기도이고(물론 타인을 위한 기도도 하지만), 간청해야 주시는 것이 아니라 기도하고 구한 것은 이미 얻은 줄로 믿어야 한다고 말씀하셨다.

> 그러므로 내가 너희에게 말하노니 무엇이든지 기도하고 구하는 것은 받은 줄로 믿으라 그리하면 너희에게 그대로 되리라 막 11:24

흔히들 자신을 위해서 기도해서는 안 된다고 하지만, 주기도는 하나님의 자녀를 위한 기도이다. 하나님의 자녀는 자신의 욕심이나 탐욕을 채우기 위한 자기중심적인 기도를 하는 자가 아니라, 하나님의 자녀로서 주의 뜻을 이루기 위한 하나님 중심적인 기도를 하는 자이다. 예수님께서는 하나님께서 그 자녀를 돌보시고 계신다는 것을 믿어야 한다고 말씀하셨다.

오늘 있다가 내일 아궁이에 던져지는 들풀도 하나님이 이렇게 입히시거든 하물며 너희일까보냐 믿음이 작은 자들아 그러므로 염려하여 이르기를 무엇을 먹을까 무엇을 마실까 무엇을 입을까 하지 말라 이는 다 이방인들이 구하는 것이라 너희 하늘 아버지께서 이 모든 것이 너희에게 있어야 할 줄을 아시느니라 그런즉 너희는 먼저 그의 나라와 그의 의를 구하라 그리하면 이 모든 것을 너희에게 더하시리라 마 6:30-33

다시 앞으로 돌아가서, 주기도문의 응답에 대해서 말씀하신 누가복음 11장 5-13절을 생각해보자. 예수님께서 이 말씀을 비유로 들어서 설명하셨지만, 이 말씀의 내용에는 두 가지 대조가 깔려 있다. 우리가 방문한 친구를 위해 빵을 가진 다른 친구에게 요청하면 줄 것인데, 하물며 방문한 친구가 아니라 하나님의 자녀인 우리가 하나님 아버지께 구할 때에 왜 주시지 않겠는가? 즉, 방문한 친구와 우리, 그리고 빵을 가진 친구와 하나님이 대조된 것이다. 두 번째는 빵을 가진 친구가 그렇게 할 리는 없겠지만 설령 못주겠다고 하더라도 계속 강청하면 결국은 주지 않겠는가? 그런데 하물며 아버지께서 친구처럼 그렇게 강청해야 주시겠는가? 하나님께서는 이미 우리의 요청을 알고 계시고, 주시기를 원하신다는 것을 알아야 한다는 뜻이다. 그런데 안타깝게도 이 구절을 하나님나라의 사고방식 대신에 세상적인 사고방식으로 해석하여 강청에 강조점을 두고, 뻔뻔스럽게, 끈질기게, 집요하게 구하면 하나님께서도 결국 우리의 기도를 들어주신다는 뜻으로 해석해 왔다.

그다음 말씀을 생각해보라. 하나님께서 이미 주셨기 때문에 예수님께서는 '구하라, 찾으라, 두드리라' 그리하면 받게 되고, 찾게 되고, 열리게 될 것이라고 말씀하신 것이다. 기도의 응답은 우리가 얼마동안, 어떤 식으로, 어떻게 기도하면 하나님께서 들어주시는가 라는 식으로 생각해서는 안 된다. 예수님께서 기도의 응답은 하나님과 자녀와의 관계, 하나님의 뜻과 그 뜻을 이루고자 하는 자녀의 믿음에 달려 있다고 말씀하신 것이다. 우리는 이 비유의 말씀을 통해서도 주기도의 현재적 실현을 확인할 수 있다.

> 그를 향하여 우리가 가진 바 담대함이 이것이니 그의 뜻대로 무엇을 구하면 들으심이라 우리가 무엇이든지 구하는 바를 들으시는 줄을 안즉 우리가 그에게 구한 그것을 얻은 줄을 또한 아느니라 요일 5:14,15

결론적으로 주기도문은 하나님나라가 임하시도록 청원하는 기도가 아니라 현재적 하나님나라에서 하나님의 성품과 권능을 나타내는 가장 강력하고 구체적이고 실제적인 기도이며, 동시에 미래적 하나님나라의 완성을 위한 청원기도이다.

1. 주기도문의 내용을 하나님에 대한 기도와 우리에게 대한 기도
   로 나눌 수 없는 이유는 무엇인가?

2. 삶과 신앙의 다양한 면을 세상적 관점과 하나님나라의 관점으
   로 비교해 보라.

3. 우리는 지금까지 누가복음 11장 5–13절의 말씀을 어떻게 해석
   해왔는가? 어떻게 해석하는 것이 바른 해석인가?

2
PART

하나님나라의
관점에서 본
주 기 도 문

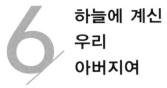

chapter
6

하늘에 계신
우리
아버지여

'하늘에 계신'

하늘은 단순히 물리적 하늘(sky)을 뜻하는 것이 아니라, 하나님의 보좌가 계시는 곳(heaven)을 지칭한다. 따라서 '하늘에 계신'이라는 말은, 땅에 있는 우리와는 달리 하나님께서는 초월적인 세계에 계신다는 것을 의미한다. 즉, 자연세계(물리적 영역, 현실의 영역)에 존재하는 인간이 초자연적 세계(영원의 영역, 영광의 영역)에 계신 하나님을 신비함과 경외감을 가지고 바라보는 것으로, 창조주의 절대성과 영원성과 피조물의 한계성과 유한성이 비교되고 있다. 하나님은 우리 인간의 인식을 넘어 존재하시는 분으로, 우리의 의식으로 그분을 찾을 수 있는 것이 아니라 오직 그분이 우리에게 오실 때 비로소 우리는 그분을 알 수 있게 된다.

여호와께서 그의 보좌를 하늘에 세우시고 그의 왕권으로 만유를 다스리시
도다 시 103:19

너는 하나님 앞에서 함부로 입을 열지 말며 급한 마음으로 말을 내지 말라
하나님은 하늘에 계시고 너는 땅에 있음이니라 그런즉 마땅히 말을 적게 할
것이라 전 5:2

'아버지여'

인자로 오신 예수님께서 여호와 하나님을 평상시 어린이가 가장
친근하게 부르는 용어인 '아바'(αββα,아람어로 아빠, dear daddy)라고
호칭하였다. 그리고 우리에게 '아버지'(πατήρ, 파텔)로 부르게 한 것
은 참으로 충격적인 일이다. 물론 구약에서도 하나님을 아버지라고
부른 경우가 있지만(신 32:6 ; 사 64:8 ; 말 2:10 등), 그것은 어디까지
나 이스라엘 백성의 창조주로서의 아버지라는 뜻이지 개인적으로 하
나님을 아버지라고 부른 경우는 전무하다. 백성 전체에 대한 하나님
의 일방적인 계시가 아니라 한 인간이 하나님을 아버지라고 부르는
것은 그 당시 유대인들에게는 신성 모독과 다름이 없었다. 이러한
사실은 유대인들이 예수님을 십자가 못 박은 이유가 바로 예수님께
서 하나님을 친 아버지라고 불렀기 때문인 것을 생각해보면 쉽게 이
해가 될 것이다.

유대인들이 이로 말미암아 더욱 예수를 죽이고자 하니 이는 안식일을 범할 뿐만 아니라 하나님을 자기의 친 아버지라 하여 자기를 하나님과 동등으로 삼으심이러라 요 5:18

더욱이 예수님께서 자신이 하나님을 아버지라고 부르는 것처럼 제자들에게도 아버지라고 부르라고 말씀하신 것은 너무나 충격적이고 놀라운 일이었다.

예수께서 이르시되 나를 붙들지 말라 내가 아직 아버지께로 올라가지 아니하였노라 너는 내 형제들에게 가서 이르되 내가 내 아버지 곧 너희 아버지, 내 하나님 곧 너희 하나님께로 올라간다 하라 하시니 요 20:17

이것만 보아도 주기도문은 이미 언급한 그 당시 구약의 어떤 기도문과도 근본적으로 다르며, 기도의 대상 또한 이스라엘 백성이 아니라 예수 그리스도 안에서 오직 자녀가 된 자만이 드리는 기도라는 것을 알 수 있다.

'아바 아버지'라는 이 호칭은 하늘에 계신 하나님과 이 땅에 있는 인간과의 관계를 재정립하는 것으로, 초월적인 신과 유한한 인간의 관계를 생명을 나눈 아버지와 자녀의 관계로 바꾼다는 것을 뜻하는 것이다. 더욱이 초월하신 하나님이시지만 동시에 내 안에 내재하시는 아버지라는 것을 알려주며, 그 관계가 가족관계가 된다는 것을 말하고 있다.

너희가 아들이므로 하나님이 그 아들의 영을 우리 마음 가운데 보내사 아빠 아버지라 부르게 하셨느니라 갈 4:6

이것은 오직 예수 그리스도 안에서만 가능한 일이며, 예수님께서는 이 일을 위해서 이 땅에 오셨다. 예수 그리스도를 믿는다는 것은 중생(重生)한다는 것이며, 거듭난 우리는 예수 그리스도 안에서 하나님의 자녀가 되는 것이다.

영접하는 자 곧 그 이름을 믿는 자들에게는 하나님의 자녀가 되는 권세를 주셨으니 이는 혈통으로나 육정으로나 사람의 뜻으로 나지 아니하고 오직 하나님께로부터 난 자들이니라 요 1:12,13

우리가 하나님의 뜻을 이룰 수 있는 이유도, 아무런 대가 없이 은혜를 누릴 수 있는 이유도 하나님께서 아버지가 되시기 때문이다. 예수님께서는 누가복음 15장을 통하여 하나님께서 우리를 어떻게 자녀 삼으시고 새롭게 하시는지를 알려주셨을 뿐만 아니라 새로운 신분에 더하여 그 신분에 걸맞은 삶을 살아야 한다는 것도 알려주셨다.

'우리'

예수님은 기도할 때 "우리 아버지여"라고 기도하라고 가르치셨다. 그래서 기도할 때 그렇게 기도하지만, 실상 대부분 우리 마음은

'나의 아버지'로 생각하기 마련이다. 물론 그분은 우리 아버지이기 전에 나의 아버지이시다. 그러나 주기도문에서 우리 아버지로 표현한 것에는 깊은 뜻이 숨어 있다. 하나님의 자녀는 나뿐만 아니라 예수 그리스도를 영접한 모든 자들이기 때문이다. 그런데 우리는 신앙을 너무나도 개인적으로 생각한 나머지 마치 나의 아버지만 되시는 것으로 착각한다. 물론 하나님은 나를 예수님만큼 사랑하시고 나의 문제를 알고 계시지만, 우리가 알아야 할 사실은 하나님은 다른 사람도 예수님만큼 그리고 나만큼 사랑하시며, 나뿐만 아니라 다른 사람도 예수 그리스도 안에서 한 가족이라는 사실이다. 이것은 구약에서 말하는 이스라엘 백성의 아버지가 아니라 예수 그리스도 안에서 새롭게 된 하나님의 가족으로서의 우리 아버지라는 뜻이다.

> 예수께서 그리스도이심을 믿는 자마다 하나님께로부터 난 자니 또한 낳으신 이를 사랑하는 자마다 그에게서 난 자를 사랑하느니라 요일 5:1

기독교 신앙의 본질은 하나님과 나와의 관계를 통해서 나와 다른 사람과의 관계, 즉 우리의 관계를 회복하는 것이다. 그것은 바로 하나님께서 본래 우리를 지으신 대로 돌아가는 것이기도 하다. 따라서 기독교 신앙은 '홀로'와 '함께'가 항상 동시에 공존해야 한다. 만약 홀로만 주장하면 하나님의 뜻을 이룰 수 없게 된다. 왜냐하면 하나님의 뜻은 우리 가운데서 이루어지기 때문이다. 예를 들어, 그리스도인인 두 사람이 시합에서 각자 주님을 나의 아버지로만 생각하고 기도한다면 그 기도는 천국 대신에 지옥으로 가는 문을 여는 것이 될 것이다. 반대로 함께만 주장하게 되면 하나님을 만날 수 없다. 왜냐하면 하나님 없는 '우리'는 집단이기주의만 낳을 것이기 때문이다. 하나님의 영광의 임재는 내 안에 거하시지만, 그분의 나라는 우리 안에서 이루어진다.

> 또 여기 있다 저기 있다고도 못하리니 하나님의 나라는 너희 안에(among you) 있느니라 눅 17:21

따라서 우리가 "우리 아버지"라고 기도할 때 우리는 결코 혼자일 수는 없으며 '공동체 안에 존재하는 나'라는 인식을 가져야 한다. 나아가 공동체의 일원으로 소속되지 않는 나는 결코 하나님의 자녀가 될 수 없다는 것을 알아야 한다. 바로 이 영적 공동체가 오늘날의 교회이다. 이러한 인식이야말로 우리를 개인주의적 신앙에서 벗어나게 하고, 주님의 관점에서 나와 우리를 보게 해준다. "우리 아버지"라고 기도할 때 비로소 삼위일체 하나님(성부, 성자, 성령)의 본질인 '우리 사랑'이 자신의 기도의 기초와 바탕이 되며, 자신만의 기도에서 벗어나도록 하며, 기도의 지경이 나와 가족에서부터 아직도 하나님나라의 복음이 전해지지 않은 모든 종족과 나라에까지 넓혀지게 된다.

"하늘에 계신 우리 아버지여"

"하늘에 계신 우리 아버지여"는 수직적인 관점에서는 하나님의 초월성과 내재성을 통해서 나와 아버지의 관계 회복을, 수평적인 관점에서는 삼위일체 하나님의 관계를 통해서 내가 아니라 우리의 관계 회복을 의미한다. 하나님께서 나 같은 인간을 자녀삼아 주셨기 때문에 우리 아버지라고 기도는 하지만 너무나 거룩하신 분이시기에 그것이 실제일 수는 없는 것처럼 느껴지고, 오히려 나와는 특별한 관계가 없이 하늘에 계신 분으로 생각하게 된다. 그러나 앞서 언급한 것처럼 인간은 땅에 있고 여호와 하나님은 하늘에 계셔서 서로 다른 차원에 존재하며 창조주와 피조물의 관계로만 인식되었던 것에서, 예수님께서는 주기도문을 통해서 우리에게 새로운 관계를 알려주신다. 하늘에 계시지만 여호와 하나님께서 예수 그리스도를 통하여 우리 아버지가 되신다는 것이다. 하나님이 누구이신지를 안다면 우리가 그분 앞에 서서 그분의 이름을 부를 때 실로 경외감을 느낄 것이다. 그러나 동시에 예수 그리스도 안에서 내가 누구인지도 알고 말할 수 없는 감사와 사랑을 느낄 줄도 알아야 한다.

하나님의 본질은 사랑이다. 그 사랑은 관계 안에서 성립되며, 관계를 통해서 나타나게 된다. 혼자서 하는 관계란 있을 수 없기 때문이다. 하나님의 사랑은 삼위일체 하나님의 관계를 통해서 나타내셨다.

아버지께서 나를 사랑하신 것같이 나도 너희를 사랑하였으니 나의 사랑 안에

거하라 요 15:9

내 계명은 곧 내가 너희를 사랑한 것같이 너희도 서로 사랑하라 하는 이것이
니라 요 15:12

내게 주신 영광을 내가 그들에게 주었사오니 이는 우리가 하나가 된 것같이
그들도 하나가 되게 하려 함이니이다 요 17:22

그리고 삼위일체 하나님께서는 우리와 사랑으로 관계 맺으시기를
원하시고, 성부, 성자, 성령의 관계가 우리 안에서도 이루어지기를
원하셨다. 즉, 인간 세상에서 하나님을 통하여 우리 안에 새로운 관
계가 이루어지기를 원하셨다.

곧 내가 그들 안에 있고 아버지께서 내 안에 계시어 그들로 온전함을 이루어
하나가 되게 하려 함은 아버지께서 나를 보내신 것과 또 나를 사랑하심 같이
그들도 사랑하신 것을 세상으로 알게 하려 함이로소이다 요 17:23

보라 아버지께서 어떠한 사랑을 우리에게 베푸사 하나님의 자녀라 일컬음을
받게 하셨는가. 우리가 그러하도다 그러므로 세상이 우리를 알지 못함은 그
를 알지 못함이라 요일 3:1

기도할 때 여호와 하나님을 "우리 아버지"라고 호칭할 수 있는 것

은, 우리가 예수 그리스도 안에서 하나님의 자녀가 되었다는 것을 전제로 하는 것이다. 예수 그리스도를 믿는 다른 자녀와 동일한 아버지를 둔다는 것이며, 우리가 예수 그리스도 안에서 가족이 된다는 것을 뜻하는 것이다. 예수 그리스도를 믿는 자라면 나라와 피부색이 다르다 할지라도 누구든지 예수 그리스도 안에서 한 가족으로서 형제, 자매가 된다는 것이다.

예수님께서는 왜 주기도문의 첫 문장을 '하늘에 계신 우리 아버지로 시작하도록 하셨을까'라고 생각해 본 적이 있는가? 이것에는 참으로 놀라운 비밀이 숨어 있다. 무엇보다도 이 말씀 안에는 잃어버린 자식에 대한 하나님 아버지의 안타까움과 간절한 마음이 내포되어 있다. 인간이 마귀의 속임으로 타락한 후 하나님께서는 노아 홍수를 통해서 지면을 새롭게 하셨다. 그 후 노아 후손들은 다시 하나님께 반역하기 시작했고, 하나님을 경배하기보다는 인간 스스로가 주인이 되고자 했다. 그것의 대표적인 예가 바로 창세기 11장에 나와 있는 것처럼 인간이 시날 평지에서 바벨탑을 건설하는 것이었다. 하나님께서는 그 반역을 막기 위해서 땅의 언어를 혼잡하게 하셨고, 그들을 지면에 흩으셨다. 타락한 인간은 오랜 시간이 지나면서 지리적으로 다른 나라를 이루었고, 다른 민족을 이루게 되었고, 다른 언어를 사용하게 되었다. 그리고 각자 자신들의 영토와 민족을 위하여 서로 전쟁을 벌이게 되었다.

자, 우리가 내려가서 거기서 그들의 언어를 혼잡하게 하여 그들이 서로 알아

듣지 못하게 하자 하시고 여호와께서 거기서 그들을 온 지면에 흩으셨으므로 그들이 그 도시를 건설하기를 그쳤더라 그러므로 그 이름을 바벨이라 하니 이는 여호와께서 거기서 온 땅의 언어를 혼잡하게 하셨음이니라 여호와께서 거기서 그들을 온 지면에 흩으셨더라 _창 11:7-9_

그 후 하나님께서는 아브라함을 불러내어 다시 하나님의 나라를 회복시킬 것을 약속하셨다. 그 후 이스라엘 민족을 통해서 그의 나라를 이루시기를 원하셨지만, 이스라엘 민족의 끝없는 반역으로 그 일을 이루시지 못했다. 그럼에도 불구하고 하나님께서는 선지자들을 통하여 하나님께서는 결코 그 나라를 포기하시지 않았으며, 메시아를 통해서 이루시겠다고 알리셨다.

그리고 마침내 그 예언대로 이천 년 전에 예수님께서 이 땅에 오셔서 하나님나라의 복음을 선포하셨다. 즉, 다시 하나님이 통치하시는 나라가 임했다고 선포하신 것이다. 그리고 그 나라의 삶을 살게 하시려고 우리에게 가르쳐주신 기도의 첫 문장이 바로 "하늘에 계신 우리 아버지"인 것이다.

"하늘에 계신 우리 아버지"라는 주기도문의 첫 번째 문장은 하나님을 반역함으로 흩어진 나라와 민족, 혼잡한 언어를 지닌 모든 인류가 예수 그리스도 안에서 다시 하나가 되게 하고 동일한 아버지를 두게 되는, 하나님나라(하나님의 통치)의 도래라는 만세의 비밀이 풀려지는 가장 놀라운 선포이다. 모든 인류가 본래 하나님의 자녀라는 정체성, 그리고 우리 모두 하나님 아버지의 가족이라는 정체성을 다시 깨닫게 해주는 핵폭탄과 같은 선포인 것이다.

요약하자면, 예수님께서 가르쳐주신 기도의 첫머리가 "하늘에 계신 우리 아버지"로 시작된다는 것은, 첫 번째로는 창조주 하나님과 피조물인 우리의 관계를 부모와 자녀 관계로 새롭게 정의하는 것이며, 하나님께서 들어 쓰신 이스라엘 민족의 아버지에서 민족과 혈통을 불문하고 예수 그리스도 안에서 자녀 된 자들의 아버지를 새롭게 정의하는 것이다. 두 번째로는 이 세상에서 모든 종류의 우리 관계를 (나라와 민족을 초월하여) 하나님의 가족관계로 새롭게 정의하는 것이다. 세 번째로는 우리가 하나님의 가족이므로 하나님의 본성인 사랑을 나누어야 한다는 것이다. 즉 서로 사랑해야 한다는 것이다.

1. "하늘에 계신 우리 아버지"를 다시 한번 천천히 되뇌어 보라. 혈연관계를 떠나 하늘에 계신 거룩하신 하나님이 정말 당신의 아버지로 느껴지는가? 만약 그렇지 않다면 무엇 때문이라고 생각하는가?

2. '내' 아버지와 '우리' 아버지의 차이를 서로 나누어 보라.

3. 우리가 하나님 아버지로부터 태어났다면, 우리는 태생적인 하나님 아버지의 사랑을 체험해야 한다. 당신은 지금 아버지의 사랑을 누리고 있는가 아니면 그분의 사랑을 받아내기 위해서 애를 쓰고 있는가? 만약 후자라면 무엇이 문제라고 생각되는가?

4. 하나님이 우리 아버지이시면, 우리는 그분의 자녀들이고 공동 상속자이므로 함께 유업을 이어받아야 한다. 그 유업은 무엇인가?

5. 우리가 하나님의 자녀라면 그렇지 못한 사람들에 대해서 당신은 어떤 마음을 가지게 되는가? 하나님은 어떤 마음을 가지실 것이라고 생각하는가? 우리는 그들을 위해서 무엇을 어떻게 해야 하는가?

chapter

7 이름이 거룩히 여김을 받으시오며

'이름이'

이스라엘 민족이 하나님을 가리키는 보편적인 이름은 엘로힘
(Elohim)이다. 구약에서 아브라함과 이삭과 야곱의 하나님이라고
칭할 때 쓰인 단어가 바로 엘로힘이다. 이 히브리어 엘로힘은 고유
명사라기보다 사실 '탁월하고 강한 신'(神)을 뜻하는 보통명사이다.
야곱은 엘로힘과 씨름하면서 그 이름을 물었을 때, 축복을 받았음
에도 불구하고 그 이름까지는 알지 못했다(창 32:22-30).

> 야곱이 청하여 이르되 당신의 이름을 알려주소서 그 사람이 이르되 어찌하여
> 내 이름을 묻느냐 하고 거기서 야곱에게 축복한지라 창 32:29

그러나 그 뒤 하나님께서는 모세에게 이르시기를 사람들에게 "나는 스스로 있는 자이니라(I am who I am)"라고 말하라고 알려주셨다. 하나님의 영광이 떠난 당신의 백성들에게 그 자신의 이름을 알리시기 위해서 하나님은 그렇게 말씀하셨다. 이 말씀 안에는 모든 것의 근원과 본질이 되시며, 모든 것의 창조주이시며, 모든 인간과 관계하는 인격이시라는 뜻을 포함하고 있다. 타락한 인간의 지성으로는 하나님 이름의 실체를 온전히 알 수 없는 것은 당연하다. 따라서 하나님께서 인간에게 자신의 이름을 이 말씀보다 더 심오하고 본질적이고 근원적으로 나타낼 수는 없었을 것이다. 이 말씀은 창세기 1장 1절의 "태초에 하나님이 천지를 창조하시니라"의 선포를 통해서도 알 수 있다.

모세가 하나님께 아뢰되 내가 이스라엘 자손에게 가서 이르기를 너희의 조상의 하나님이 나를 너희에게 보내셨다 하면 그들이 내게 묻기를 그의 이름이 무엇이냐 하리니 내가 무엇이라고 그들에게 말하리이까 하나님이 모세에게 이르시되 나는 스스로 있는 자이니라 또 이르시되 너는 이스라엘 자손에게 이같이 이르기를 스스로 있는 자가 나를 너희에게 보내셨다 하라 출 3:13,14

또한 하나님께서는 모세에게 자신의 이름이 야훼라고 말씀하셨다. 이 이름은 '존재한다'는 히브리어 동사 '하야'(hayah)에서 온 것으로, 영원히 존재하시는 분을 의미한다(사 41:4).

하나님이 또 모세에게 이르시되 너는 이스라엘 자손에게 이같이 이르기를 너
희 조상의 하나님 여호와(יהוה, 야훼, Yahweh) 곧 아브라함의 하나님, 이삭의
하나님, 야곱의 하나님께서 나를 너희에게 보내셨다 하라 이는 나의 영원한
이름이요 대대로 기억할 나의 칭호니라 출 3:15

··· 나 여호와라 처음에도 나요 나중 있을 자에게도 내가 곧 그니라 사 41:4

그 후 구약에서 하나님께서는 그분의 속성을 통해서 인간이 이해
할 수 있도록 그분의 이름을 알리셨다. 하나님의 백성이 지켜야 할
법으로서, 어떻게 살아야 하는지에 대한 규례로서, 인간의 필요성을
채워주시는 분으로서 하나님께서는 당신의 이름을 나타내셨다. 예
를 들면, 여호와 이레(하나님이 공급하신다, 창 22:13,14), 여호와 라파
(하나님은 치유자이시다, 출 15:26), 여호와 닛시(하나님은 나의 깃발이
시다, 출 17:15,16), 여호와 샬롬(주는 평화이시다, 삿 6:24), 여호와 로
이(여호와는 목자이시다, 시 23:1-3), 여호와 찌드케누(주님은 우리의 의
가 되신다, 렘 23:6), 여호와 삼마(여호와가 거기 계신다, 겔 48:35) 등
이다. 그러나 이스라엘 백성은 진정으로 생명 되시고 창조주 되시는
하나님의 이름을 알지 못했다.

예수님 당시 유대인은 하나님에 대한 경외감이 대단했기 때문에
감히 야훼 하나님의 이름을 함부로 부르지 않았다. 이방인들이 '야
훼' 또는 '여호와'로 불렀을 뿐이다. 유대인들은 성경에서 이런 글자
를 마주칠 때마다 '나의 주님(my Lord)'이라는 뜻을 지닌 '아도나이

(Adonai)' 혹은 그 이름(the name)을 의미하는 '하셈(Ha Shem)'이라고 읽었다.

신약에 와서 예수님께서는 자신을 통하여 하나님의 이름을 나타내셨다. 즉 예수님께서는 생명으로, 인격으로, 삶으로 하나님의 이름을 나타내셨다. 예수님은 육신을 입고 인자로 오신 삼위일체 하나님이시다. 그리고 우리가 예수 그리스도 안에서 하나님 아버지께 나아가도록 하셨다.

나는 내 아버지의 이름으로 왔으매 … 요 5:43

세상 중에서 내게 주신 사람들에게 내가 아버지의 이름을 나타내었나이다 그들은 아버지의 것이었는데 내게 주셨으며 그들은 아버지의 말씀을 지키었나이다 요 17:6

내가 아버지의 이름을 그들에게 알게 하였고 또 알게 하리니 이는 나를 사랑하신 사랑이 그들 안에 있고 나도 그들 안에 있게 하려 함이니이다 요 17:26

예수께서 이르시되 빌립아 내가 이렇게 오래 너희와 함께 있으되 네가 나를 알지 못하느냐 나를 본 자는 아버지를 보았거늘 어찌하여 아버지를 보이라 하느냐 요 14:9

예수님께서 자신을 통해서 하나님의 이름을 나타내셨고 하나님께서 우리를 예수 그리스도 안에서 하나님의 자녀가 되게 하셨다는 사실을 생각하면, 구원의 본질적인 의미는 우리가 하나님의 이름을 나타내는 존재가 되게 하셨다는 것임을 알게 된다.

'거룩히'

히브리어로 거룩은 '카도쉬(kadosh)'로서, 성별 또는 구별을 의미한다. 우리는 흔히 거룩이라는 말을 공의와 사랑과 같은 윤리·도덕적 완전성의 의미로 받아들이지만, 본래의 뜻은 존재적 초월성의 의미를 가진 말이다. 따라서 "거룩히 여김을 받으소서"라는 것은 전적으로 그리고 질적으로 완전히 다른 분으로 여김을 받아야 한다는 뜻이다. 즉, 하나님은 시간, 공간, 물질을 초월하시고 영원불변한 분이시고 모든 피조세계를 창조하신 분이시다. 따라서 그분은 유한한 피조물인 우리의 인식으로 이해할 수 있는 분이 아니시다. 그런데 문제는 인간이 자신의 인식 안에 계신 하나님을 생각하고 하나님을 그렇게 여기기를 원하고 있다는 데 있다. 이제 '거룩히'라는 말은 우리의 불완전한 지성으로 하나님을 이해하거나 판단하는 것에서 벗어나야 한다는 뜻을 지니고 있음을 알아야 한다.

"이름이 거룩히 여김을 받으시오며"

이름은 그 사람의 삶, 생명, 형질, 인격 등 모든 것을 포함하고 있기 때문에, 그 사람을 대표할 뿐만 아니라 그 사람 자체이다. 따라서 하나님 아버지의 이름은 하나님 아버지 그 자체를 나타낸다.

모든 사람은 하나님은 이미 거룩하신 분이시고, 거룩히 여김을 받으셔야 한다는 것을 잘 알고 있다. 그럼에도 불구하고 하나님의 이름이 거룩히 여김을 받으셔야 한다는 것은, 우리 자신이 누구인지를 알지 못하고 있거나, 우리가 그분의 이름을 제대로 이해하지 못하고 있거나 아니면 우리가 하나님을 거룩히 여긴다고 하지만 실제로는 그렇지 못하다는 것을 의미한다.

"이름이 거룩히 여김을 받으시오며"에서의 '받으시오며'는 헬라어로 'ἁγιασθήτω'[하기아스테토]로 'ἁγιάζω'[하기아조]의 '단순과거 3인칭 수동명령형'(passive imperative)이다. 학자들은 이 수동태를 신적수동태(divine passive, 동작의 주체가 '하나님')라고 한다. 그러니까 이름을 거룩하게 하는 분은 하나님 자신이라는 의미이다.

구약으로 돌아가 생각해보자. 하나님께서는 당신의 이름이 함부로 불리는 것을 죄로 여기셨다. 십계명의 제 3계명을 생각해보라. 하나님께서는 당신의 생명을 통하여 교통하는 것 없이 인간이 자신의 지성으로 하나님을 규정하거나, 하나님에 대해서 말하거나, 하나님의 이름으로 맹세함으로써 하나님을 욕되게 하지 말라고 말씀하셨다.

너는 네 하나님 여호와의 이름을 망령되게 부르지 말라 여호와는 그의 이름을 망령되게 부르는 자를 죄 없다 하지 아니하리라 출 20:7 (신 5:11)

그렇지만 본래 하나님께서 이스라엘 백성을 부르신 이유는 바로 그들이 하나님의 거룩하신 이름을 나타내도록 하기 위함이었다.

> 그의 자손은 내 손이 그 가운데에서 행한 것을 볼 때에 내 이름을 거룩하다 하며 야곱의 거룩한 이를 거룩하다 하며 이스라엘의 하나님을 경외할 것이며
>
> 사 29:23

이스라엘은 선택받은 민족으로서 하나님께서 말씀하신 언약을 지키시는 것을 경험할 때마다 그 이름을 거룩히 여기는 것은 당연한 일이었다. 즉, 인간이 할 수 없는 놀라운 일을 행하실 때, 또한 인간에게 필요한 것들을 베풀어주시고 채워주실 때, 우리는 하나님께서 행하신 그 일들을 보며(기억하고, 기념하고, 기대하며) 위대하신 하나님, 거룩하신 하나님을 경외하는 것이 마땅하다.

그러나 우리는 이스라엘의 역사를 통하여 이스라엘 백성이 아브라함 때부터 제사를 지내고 여호와 하나님의 이름은 높였지만, 시간이 흐름에 따라 그들의 마음은 떠났고 단지 자신들의 유익만을 위하여 행위적으로 그분의 이름을 높였을 뿐만 아니라, 심지어 그들이 우상을 섬김으로 하나님의 이름을 더럽히기까지 했다는 것을 잘 알고 있다.

> 주께서 이르시되 이 백성이 입으로는 나를 가까이 하며 입술로는 나를 공경하나 그들의 마음은 내게서 멀리 떠났나니 그들이 나를 경외함은 사람의 계

명으로 가르침을 받았을 뿐이라 사 29:13

그들은 하나님을 거룩히 여기는 대신 하나님을 모독했고, 하나님의 명령을 지킴으로써 거룩한 척 했으나 사실은 교만한 삶을 살았다.

여호와의 말씀이 또 내게 임하여 이르시되 … 그들이 이른바 그 여러 나라에서 내 거룩한 이름이 그들로 말미암아 더러워졌나니 곧 사람들이 그들을 가리켜 이르기를 이들은 여호와의 백성이라도 여호와의 땅에서 떠난 자라 하였음이라 그러나 이스라엘 족속이 들어간 그 여러 나라에서 더럽힌 내 거룩한 이름을 내가 아꼈노라 그러므로 너는 이스라엘 족속에게 이르기를 주 여호와께서 이같이 말씀하시기를 이스라엘 족속아 내가 이렇게 행함은 너희를 위함이 아니요 너희가 들어간 그 여러 나라에서 더럽힌 나의 거룩한 이름을 위함이라 여러 나라 가운데에서 더럽혀진 이름 곧 너희가 그들 가운데에서 더럽힌 나의 큰 이름을 내가 거룩하게 할지라 내가 그들의 눈앞에서 너희로 말미암아 나의 거룩함을 나타내리니 내가 여호와인 줄을 여러 나라 사람이 알리라 주 여호와의 말씀이니라 겔 36:16-23

내가 내 거룩한 이름을 내 백성 이스라엘 가운데에 알게 하여 다시는 내 거룩한 이름을 더럽히지 아니하게 하리니 내가 여호와 곧 이스라엘의 거룩한 자인 줄을 민족들이 알리라 하라 겔 39:7

그럼에도 불구하고 하나님께서는 선지자들을 통해서 이스라엘 족속을 다시 회복시키겠다고 수없이 말씀하셨다. 그러나 그러한 예언은 그들이 받을 만한 가치가 있어서가 아니라 여러 나라에서 더럽혀진 하나님 자신의 이름을 다시 지키기 위해서라고 말씀하셨다. 하나님께서는 자신의 이름을 거룩하게 하실 뿐만 아니라, 당신의 백성들을 통하여 이방인들 가운데 거룩하심을 보이시겠다고 말씀하셨다.

그 일은 하나님께서 친히 통치하시는 곳으로 이스라엘 백성을 데리고 가셔서, 하나님에 대하여 회개하도록 하시고, 하나님의 영이 임하게 하시고, 그들의 마음을 새롭게 하심으로써 하나님을 알게 하시고, 하나님의 뜻을 이루는 삶을 살도록 하시겠다는 것이다.

그렇다면 예수님이 계셨을 당시 유대인들은 하나님의 이름이 거룩히 여김을 받도록 했을까? 우리는 사도 바울의 말을 통해서 그렇지 못함을 알 수 있다.

> 율법을 자랑하는 네가 율법을 범함으로 하나님을 욕되게 하느냐 기록된 바와 같이 하나님의 이름이 너희 때문에 이방인 중에서 모독을 받는도다
>
> 롬 2:23,24

다른 말로 그 당시 종교 지도자들은 하나님의 말씀인 율법을 지키는 것만으로 하나님을 거룩히 여긴다고 생각했지만, 예수님은 그것에 대해서 그렇게 말씀하시지 않으셨다. 그 당시 그들의 신앙생활은 자신이 주체가 되어 진리의 말씀을 지키는 행위로써 의롭다 함을 받으려는 것이었다. 그러나 예수님께서는 아버지의 이름을 거룩히

여기는 것은 단지 행위뿐만 아니라, 그 심령이 변화되는 결과로 그 행위까지 변화되어야 한다고 말씀하셨다.

예수님께서는 공생애 기간에 우물가에서 사마리아 여인과의 대화를 통해서 언젠가는 영과 진리로 예배드릴 수 있는 때가 올 것이라고 말씀하셨다. 우리가 아는 바와 같이 그 일은 바로 오순절 날 성령강림 이후 이루어졌으며, 그때부터 하나님의 자녀들은 신령과 진정으로 예배를 드릴 수 있게 되었다. 예수 그리스도 안에서 하나님의 이름을 아는 자들이(하나님의 생명이 있는 자녀들이) 영으로 하나님과 생명적으로 교제하는 가운데 그분의 진리의 말씀으로 예배를 드리는 것이다. 이것이 바로 그분을 거룩히 여긴다는 뜻이다.

> 우리 조상들은 이 산에서 예배하였는데 당신들의 말은 예배할 곳이 예루살렘에 있다 하더이다 예수께서 이르시되 여자여 내 말을 믿으라 이 산에서도 말고 예루살렘에서도 말고 너희가 아버지께 예배할 때가 이르리라 너희는 알지 못하는 것을 예배하고 우리는 아는 것을 예배하노니 이는 구원이 유대인에게서 남이라 아버지께 참되게 예배하는 자들은 영과 진리로 예배할 때가 오나니 곧 이 때라 아버지께서는 자기에게 이렇게 예배하는 자들을 찾으시느니라 하나님은 영이시니 예배하는 자가 영과 진리로 예배할지니라 요 4:20-24

예수님은 이 예언을 예수님 자신을 통하여 이루셨고, 하나님의 자녀들에 의해서 하나님의 이름이 거룩히 여김을 받도록 하셨다. 먼저 예수님께서는 공생애 기간에는 당신께서 전하신 하나님 아버지의 말씀 그리고 그에 따른 기사와 표적으로 아버지의 이름을 나타내셨을 뿐만 아니라, 마지막에는 십자가에 죽으시고 부활 승천하시고 약속하신 보혜사 성령님을 보내주심으로써 예수 그리스도를 믿는 자 안에서 친히 그들을 통하여 하나님 아버지의 이름이 나타나기를 원하셨다. 이것은 요한복음의 말씀을 통해서 분명히 알 수 있다.

> 내가 아버지의 이름을 그들에게 알게 하였고 또 알게 하리니 이는 나를 사랑하신 사랑이 그들 안에 있고 나도 그들 안에 있게 하려 함이니이다 요 17:26

예수님께서는 자신이 그들에게 아버지의 이름을 알게 하였고(헬: 단순과거형), 또 앞으로 알게 할 것이라고(헬: 미래형) 말씀하셨다. 뒤에 나오는 미래형은 바로 예수님께서 십자가에 죽으시고 부활하심으로써 약속대로 우리 안에 오셔서 그들이 아버지의 이름을 알게 될 것이라는 것을 말하고 있다. 우리가 아버지의 이름을 알 수 있는 유일한 길은 예수 그리스도를 통해서이다. 또한 우리가 예수 그리스도 안에서 하나님의 자녀가 될 때 비로소 우리는 아버지의 이름이 거룩히 여김을 받도록 할 수 있다.

그렇지만 현재 우리 그리스도인의 삶을 돌아보면, 과거와 동일하게 믿는 우리를 통해서 하나님께서 모독을 받고 계신다는 생각을 지워버릴 수가 없다. 왜냐하면 구약시대와 같이 하나님과의 생명적 관계없이 단지 열심히 교회생활을 하는 것만으로 하나님 아버지의 이름이 거룩히 여김을 받도록 한다고 생각하기 때문이다. 또한 이 사회에서 일어나는 비윤리적이고 비도덕적인 일들이 믿는 그리스도인들에 의해서도 일어나고 있기 때문이다. 입술로는 "주여 주여" 하지만 그 마음이 하나님으로부터 떠난 자로부터 그 이름이 거룩히 여김을 받을 수는 없는 것이다.

"거룩히 여김을 받으시오며"의 본질적인 의미는 앞서 언급한 바와 같이 거룩하게 하는 분이 바로 하나님 자신이라는 것이다. 그렇다면 하나님께서 어떻게 우리를 통하여 거룩히 여김을 받으실 수 있을까? 그것은 두 가지를 통해서 이루어질 수 있다.

첫 번째는 타락한 우리가 누구인지를 아는 것이다. 우리가 타락한 결과 자존자로서 모든 것을 자기중심적으로 사고하며 판단하고자 한다. 그러나 광대한 천지 안에서 먼지보다 작은 존재, 만물 가운데 하찮은 흙으로 지어진 형상, 영원 안에서 보내는 찰나와 같은 인생 등을 생각해보면 높고 위대하신 하나님 앞에 우리 자신이 얼마나 미천한 존재인지를 알고, 마침내 자기사랑과 자기중심의 교만함을 버려야 한다. 그럴 때 비로소 하나님이 누구이신지를 알게 되고 하나님의 거룩하심을 알게 된다.

그러므로 모든 육체는 풀과 같고 그 모든 영광은 풀의 꽃과 같으니 풀은 마르고 꽃은 떨어지되 벧전 1:24

두 번째는 구원받은 우리가 누구인지를 아는 것이다. 우리가 예수 그리스도 안에 있을 때 하나님의 영이 우리 안에 계시고, 우리가 그 하나님의 영에 인도함을 받을 때 하나님께서 우리를 통해서 그의 영광을 드러내시게 된다. 우리가 우리 자신을 그분께 의탁하는 만큼 그분의 영광이 더 드러나게 되고, 그럴수록 그분은 더 거룩히 여김을 받으시게 되는 것이다. 예수님께서 하나님 아버지의 이름을 나타내시는 인자로서 이 땅에서 사셨다면, 하나님의 자녀인 우리도 예수 그리스도 안에서 아버지의 이름을 나타내는 사람으로 살아야 한다. 그런데 우리는 우리의 형상과 더불어 삶으로 하나님의 이름이 거룩히 여김을 받으시도록 하기보다는 단지 자신의 삶의 일부 행위(예배와 헌신과 같은)를 통해서 하나님을 거룩히 여기고 있을 뿐이다.

1. 각 사람에게 주어진 이름은 어떤 의미를 지니고 있는가?

2. 구약에서 하나님께서는 어떻게 당신 자신을 나타내셨는가?
   그렇다면 신약에서는 어떻게 하나님 자신을 나타내셨는가?

3. 왜 예수님은 하나님 아버지의 이름이 거룩히 여김을 받으시도
   록 기도하라고 하셨을까?

4. 당신은 지금 누구의 이름으로 살고 있는가?

5. 당신은 매일 삶에서 하나님께서 거룩히 여김을 받으시도록 어
   떻게 하고 있는가?

8 나라가 임하시오며

'나라가'

본래는 '당신의 나라가'이지만 우리말 주기도문에는 '당신의'가 빠져 있다. 따라서 '나라'는 하나님의 나라, 아버지의 나라 혹은 왕국 (kingdom)을 의미한다. 나라가 영어로는 nation으로 번역되기 때문에 흔히 영토, 주권, 백성을 포함하는 국가의 개념으로 생각하기 쉽다. 그러나 성경에서 나라(왕국)를 가리키는 단어는 히브리어로 '말쿠트(malkuth)', 헬라어로는 '바실레이아(basileia)'이다. 흔히 '나라'라고 할 때는 어떤 공간적인 영역을 지칭하는 것으로 생각하지만, 신구약 모두에서 영역이나 장소적 개념보다 '주권, 통치, 지배'의 개념이 주를 이룬다. 그러나 그분의 영광이 임하심으로 그 통치권이 미치는 영역을 부차적인 의미의 나라라고 이해할 수도 있다. 우리는

'통치'라는 단어를 별로 좋아하지 않는다. 왜냐하면 역사적으로 볼때 왕의 통치는 대부분이 섬기는 통치가 아니라 지배하는 통치였기 때문이다. 그러나 성경에서 말하는 하나님의 통치는 하나님의 자녀에게 주어지는 은혜의 통치이다.

예수님께서 하나님나라의 복음을 전하실 때 바리새인들이 하나님나라에 대해서 "어느 때에 임하나이까?"라고 물었다. 그것은 어떤 시간과 장소에 임하는, 눈으로 볼 수 있는 하나님나라를 마음에 두고 한 질문이다. 즉 예수님이 구세주로 오셨다면 자신들이 살고 있는 이곳에 로마의 통치가 곧 끝이 나고 메시아가 왕으로 오셔서 다윗의 왕국이 건설되지 않겠느냐는 생각을 염두에 두고 한 질문이었다.

> 바리새인들이 하나님의 나라가 어느 때에 임하나이까 묻거늘 예수께서 대답하여 이르시되 하나님의 나라는 볼 수 있게 임하는 것이 아니요 또 여기 있다 저기 있다고도 못하리니 하나님의 나라는 너희 안에 있느니라
>
> 눅 17:20,21

그러나 예수님은 그들의 질문에 대해서 하나님나라는 실존하지만 우리 눈에 보이는 차원의 나라가 아니며, 실재하지만 어떤 장소를 의미하는 것이 아니라고 말씀하셨다. 더욱 놀랍게도 하나님나라는 너희 안에 있다고 말씀하셨다. 그리고 아버지께서 주의 나라를 우리에게 주시기를 원하신다고 말씀하셨다.

> 적은 무리여 무서워 말라 너희 아버지께서 그 나라를 너희에게 주시기를 기
> 뻐하시느니라 눅 12:32

　이 말씀은 그 당시 그들뿐만 아니라 경험과 과학을 중시하는 오늘날 우리도 이해하기가 어렵다. 왜냐하면 손에 잡히지 않고 머리에 그려지지 않는 그 무엇을 실존과 실체로 인정한다는 것은 우리에게는 거의 불가능에 가깝기 때문이다.
　한편 예수님께서 빌라도 앞으로 붙잡혀 가셨을 때 빌라도가 "네 나라 사람과 대제사장들이 너를 내게 넘겼으니 네가 무엇을 하였느냐?"라고 물었을 때, 예수님께서는 다음과 같이 대답하셨다.

> 예수께서 대답하시되 내 나라는 이 세상에 속한 것이 아니니라 만일 내 나라
> 가 이 세상에 속한 것이었더라면 내 종들이 싸워 나로 유대인들에게 넘겨지
> 지 않게 하였으리라 이제 내 나라는 여기에 속한 것이 아니니라 요 18:36

　"내 나라가 이 세상에 속한 것이 아니니라"라고 말씀하신 뜻은 하나님나라가 이 땅과는 전혀 무관한, 즉 죽고 난 다음에만 갈 수 있는 저 하늘의 어떤 처소라는 뜻이 아니라, 이 세상에 속해 있지 않지만(즉 이 세상의 통치를 받지 않지만) 이 세상에 강력한 영향을 미치는 엄연히 실재하는 나라라는 뜻이다. 우리는 위의 구절을 통해서 하나님의 나라는 이 세상에서 볼 수 있는 어떤 물리적이고 공간적인 영역이 아니라, 하나님의 영광의 임재로 인한 그분의 통치를 나타내는 영

적 실체인 것을 알 수 있다.

'임하시오며'

예수님께서 우리에게 "임하시오며"라고 기도하도록 가르치신 것은 아직 임하지 않았기 때문에 임하게 해달라고 기도하라는 뜻이 아니다. 그렇게 기도하라는 것은 예수 그리스도의 죽으심과 부활, 승천 그리고 보혜사 성령님의 강림으로 이미 하나님의 나라가 이 땅에 도래했지만, 그럼에도 불구하고 이 세상은 여전히 흑암의 권세 아래 놓여 있고 우리가 그 권세 아래 있기 때문에 예수 그리스도 안에서 하나님의 자녀가 된 우리는 이 땅에 하나님의 통치가 지금 여기(now & here)에 임하도록 기도해야 한다고 가르치신 것이다. 그것이 바로 '임하시오며'라고 기도해야 하는 이유이다.

하나님의 나라가 이 땅에 임하시도록 할 수 있는 자는 오직 하나님의 자녀들뿐이다. 그 일은 천사들도 할 수 없다. 왜냐하면 하나님의 통치는 육신을 지닌 하나님의 자녀를 통해서만 이루어지기 때문이다.

한 사람의 범죄로 말미암아 사망이 그 한 사람을 통하여 왕 노릇 하였은즉 더욱 은혜와 의의 선물을 넘치게 받는 자들은 한 분 예수 그리스도를 통하여 생명 안에서 왕 노릇 하리로다 롬 5:17

"나라가 임하시오며"의 기도가 이루어지기 위해서는 예수 그리스도로 말미암아 "하늘에 계신 분이 우리 아버지"가 되고 "그 이름이 거룩히 여김을 받으셔야" 하듯이, "뜻이 하늘에서 이루어진 것같이 땅에서도 이루어지이다"라는 말씀이 이루어지기 위해서는 "나라가 임하시오며"가 전제되어야 한다. 우리는 하나님의 통치가 우리 안에 또는 우리 가운데, 넓게는 우리를 통하여 자신과 일터 그리고 나아가서는 이 세상에 임하도록 기도해야 한다. 그렇다면 어떻게 해야 하나님의 통치가 임할까? 그 비밀은 바로 앞 절에 나와 있다. 바로 아버지의 이름을 알고 그 이름을 거룩히 여길 때이다. 예수님께서 기사와 표적을 통해서, 하나님의 성품을 통해서 하나님의 이름을 거룩하게 하신 것처럼, 우리도 예수 그리스도 안에서 하나님 아버지의 뜻을 드러낼 때 하나님의 통치가 임하게 된다.

우리가 "당신의 나라가 임하시옵소서!(Thy Kingdom come!)"라고 기도하는 것은, 좁은 의미에서 내 삶에 "나의 나라가 끝나게 하옵소서!", 그리고 더 나아가 내 삶에서 "마귀의 통치가 끝나게 하소서!"라는 말과 동일한 것이다. 나라가 임한다는 것은 좀 더 좋은 혹은 좀 더 나은 세상이 된다는 것이 아니라 새로운 세상이 온다는 것이다. 이제는 마귀가 아니라 하나님께서 하나님의 자녀인 우리를 통해서 친히 이 땅을 통치하신다는 것이다. 할렐루야!

예수님께서 전하신 복음의 핵심은 바로 마침내 때가 되어 메시아이신 당신을 통해서 구약에 예언되었던 그 나라(하나님의 통치)가 왔다는 것이다. 이러한 일은 구약의 선지자를 통해서 이미 예언된 것이다. 그러나 이스라엘의 종교 지도자들은 하나님의 통치 대신에 이 땅에 새로운 지도자가 나와서 다윗의 왕국을 재건하는 것으로 잘못 알고 있었다.

> 옛적부터 항상 계신 이가 와서 지극히 높으신 이의 성도들을 위하여 원한을 풀어 주셨고 때가 이르매 성도들이 나라를 얻었더라 단 7:22

생각해보라. "옛적부터 항상 계신 이"이신 하나님 아버지께서 오셔서 그의 거룩한 백성을 위하여 원한을 풀어주셨다고 말한다. 그것은 흑암의 통치 아래서 환난, 질병, 사망으로 고통 받는 자들을 해방시켜 주셨다는 것을 의미한다. "때가 이르매"는 예수님께서 마침내 육신으로 오셔서 하나님의 나라를 선포할 때를 말하는 것이다. "성도들이 나라를 얻었더라"는 하나님의 백성들이 마침내 하나님의 통치 아래 살기 위해서 그 나라로 침노하였다는 것이다.

이 예언이 바로 예수님께서 우리에게 전하신 좋은 소식(복음)이다. 하나님께서 다시 우리에게 오셔서 우리를 통치하시기 때문에, 이 세상을 통치하고 있는 흑암의 권세가 물러가고 마귀의 자녀로 전락한 인생들이 다시 하나님의 자녀가 되는 권세를 회복하고, 본래 하나님께서 지으신 목적대로 살게 된다는 것이다. 그 결과 피조세계 역시 본래 하나님이 뜻하신 대로 회복되는 것이 바로 예수님께서 전하신 복음이다.

그 일을 위해 하나님의 아들이신 예수께서 친히 이 땅에 메시아(그리스도)로 오신 것이다. 인자(人子)로 이 땅에 오신 예수님께서는 하나님께서 지으신 천지만물과 인간의 타락 그리고 하나님의 뜻이 무엇인지를 알려주셨다. 그분은 율법과 선지자에 대해서 가르치시고, 이 일들에 대해서 말씀하시고, 바로 자신이 메시아로서 약속하신 주(主)의 나라를 이룰 것임을 알려주셨다. 또 예수님 자신으로 인해 드디어 하나님나라가 도래했다고 선포하시며, 그 나라가 임할 때 실제적으로 어떤 일이 일어나는지를 보여주셨다. 그리고 이 땅의 모든 인간이 현재적 하나님의 통치 안으로 들어올 수 있는 길을 열어주셨다.

그렇다면 하나님의 통치는 실제적으로 어떻게 이루어지는 것일까? 하나님의 통치는 하나님의 영광의 임재로 이루어진다. 이것은 구약적 의미뿐만 아니라 신약적 의미에 있어서도 동일하며, 영광이 임하신 곳에 하나님의 통치가 시작된다(롬 3:23). 하나님의 영광이 우리에게 임하시는 이유는 무엇일까?

> 내게 주신 영광을 내가 그들에게 주었사오니 이는 우리가 하나가 된 것같이 그들도 하나가 되게 하려 함이니이다 요 17:22

그것은 바로 예수 그리스도 안에서 하나님의 자녀가 되어 주의 나라를 이루기 위해서이다. 그렇다면 우리는 어떻게 하나님의 영광을 구할 수 있을까? 하나님은 무소부재하시지만, 자녀들이 하나님을 높이고 경배하고 송축할 때 또는 기도하며 기다릴 때 어떤 시기와 장소에 영광으로 현현하신다. 그럴 경우 그 하나님의 자녀를 통하여 그 시와 그 장소가 하나님의 나라가 되는 것이다. 즉, 하나님나라가 임한다는 사실은 하나님의 자녀들이 하나님나라의 법 안에 들어가며 동시에 그 법을 집행할 수 있게 된다는 뜻이기도 하다. 하나님 영광의 임재로 하나님나라가 이 땅에 사는 우리에게 시작된 첫 번째가 바로 오순절 날 사건이다.

> 오순절 날이 이미 이르매 그들이 다같이 한 곳에 모였더니 홀연히 하늘로부터 급하고 강한 바람 같은 소리가 있어 그들이 앉은 온 집에 가득하며 마치 불의 혀처럼 갈라지는 것들이 그들에게 보여 각 사람 위에 하나씩 임하여 있더니 행 2:1-3

앞서 언급한 "하나님나라는 너희 안에 있느니라"라는 말씀은 우리 안에 하나님의 영광이 임하시고, 그 영광이 우리를 통해서 이 땅에 나타난다는 것을 의미한다. 하나님의 성품과 주권은 이 땅에(세상 신의 영향력을 미치고 있는 곳이라 할지라도) 하나님 백성을 통해서 나타나며, 그 백성이 하나님의 영광의 임재 가운데 하나님께서 왕이신 나라(kingdom of God)를 선포할 때, 현상계(現象界)를 통해서 그분의 주권적인 뜻이 분명하고 구체적으로 나타난다.

요약하면 하나님의 나라는 하나님의 통치이며, 이 통치는 눈에 보이는 이 세상에 속한 것도 아니고 어떤 물리적 실체를 나타내는 것도 아니다. 이 통치는 하나님의 자녀인 우리를 통해서 이루어진다. 그것은 바로 하나님의 영(성령)이 우리 안에 계시는 것뿐만 아니라 우리의 혼과 육을 통치하심으로 비로소 이루어진다. 그것이 바로 오순절 날 일어난 사건이다. 그분의 영광이 우리를 사로잡을 때 비로소 그분의 성품과 능력이 우리를 통해서 이 땅에 실제적으로 나타나기 때문이다.

따라서 우리는 날마다 "나라가 임하시오며"라고 기도해야 한다. 그것은 다른 말로 이 땅에 오순절 성령강림 이후 이미 임하신 하나님의 나라(통치)가 우리 안에서 이루어지도록 기도하는 것이며, 우리의 혼과 육이 하나님의 영광을 드러내는 통로가 되게 해달라고 기도하는 것과 동일한 것이다.

우리는 이러한 사실을 통해서도 오순절 날 성령강림 사건은 일회적인 사건이 아니라 계속 이루어져야 할 일들임을 알 수 있으며, 우리는 매일 매순간 성령 강림을 통해 성령충만함을 구해야 한다. 성령충만함이란 단지 성령님의 내주만이 아니라 그분께서 우리의 혼과 육을 통치하심으로 인하여 그분의 영광이 나와 내 삶에 실제적으로 나타나는 상태를 의미한다(롬 8:14). 이러한 일들은 사도행전에서 성령충만한 자들이 주의 나라를 실제적으로 이루어가는 것에서 볼 수 있다(행 2:4, 4:8, 4:31, 6:3, 6:5, 7:55, 9:17, 11:24, 13:9, 13:52 ; 엡 5:18).

하나님의 나라는 말에 있지 아니하고 오직 능력에 있음이라 고전 4:20

1. 성경에서 말하는 '나라'는 무슨 뜻이며, 어디에 있는가?

2. 천국(kingdom of heaven)과 하나님의 나라(kingdom of God)는 어떤 차이가 있는가?

3. 우리는 왜 "나라가 임하시오며"라고 기도해야 하는가?

4. 하나님의 나라와 성령님은 어떤 관계를 가지고 있는가?

5. 당신은 매일 '하나님의 나라'를 이루기를 원하는가 아니면 '당신의 나라'를 구하고 있는가?

9 뜻이 하늘에서
이루어진 것같이
땅에서도 이루어지이다

이 구절은 앞 절인 "나라가 임하시오며"의 결과로서 우리가 마땅히 이루어야 할 기도이다. 하나님의 통치가 우리 가운데 임하심으로써 마침내 하늘의 뜻이 이 땅에서도 실체적으로 이루어지기 때문이다. 이러한 점은 누가복음의 주기도문이 마태복음(뜻이 하늘에서처럼 땅에서도 이루어지이다)과는 달리 단지 "나라가 임하시오며"로 끝난 것에서도 볼 수 있다. 누가복음에서 이 구절이 생략되었다는 것은 이 기도 구절은 본질적으로 앞선 기도와 같거나 종속되어 있기 때문이다. 현재적으로 이 땅은 타락한 인간으로 인하여 더럽혀졌고, 그 결과로 흑암의 권세가 통치함으로 하나님의 뜻이 거부당하고 배척당하고 있는 곳이다. 따라서 하나님의 나라가 임한다는 것은 하나님의 통치가 임한다는 것이며, 그 결과 뜻이 하늘에서 이루어진 것같이 땅에서 이루어지는 것은 당연한 이치이다.

'뜻이'

하나님의 뜻이 무엇인지를 알기 위해서는 하나님의 뜻을 이루시기 위해서 이 땅에 오신 예수님께서 하나님의 뜻에 대해서 무엇이라고 하셨는지를 살펴보는 것이 중요하다.

> 예수께서 이르시되 나의 양식은 나를 보내신 이의 뜻을 행하며 그의 일을 온전히 이루는 이것이니라 요 4:34

> 내가 하늘에서 내려온 것은 내 뜻을 행하려 함이 아니요 나를 보내신 이의 뜻을 행하려 함이니라 나를 보내신 이의 뜻은 내게 주신 자 중에 내가 하나도 잃어버리지 아니하고 마지막 날에 다시 살리는 이것이니라 내 아버지의 뜻은 아들을 보고 믿는 자마다 영생을 얻는 이것이니 마지막 날에 내가 이를 다시 살리리라 하시니라 요 6:38-40

우리는 이 말씀을 통하여 하나님의 뜻은 예수 그리스도를 통하여 하나님나라의 도래를 선포하고, 이 땅에서 잃어버린 자를 찾아 다시 자녀로 회복시키시고, 그들을 통하여 이 땅을 다스리는 것임을 알 수 있다. 이 말씀은 또한 잃어버린 양을 찾는 비유 끝에 하신 예수님의 말씀을 통해서도 확증된다.

이와 같이 이 작은 자 중의 하나라도 잃는 것은 하늘에 계신 너희 아버지의 뜻이 아니니라 마 18:14

결국 하나님의 뜻은 본래 하나님께서 창조하셨던 그 목적대로 회복시키는 것이라고 볼 수 있다. 우리를 창조하셨던 그 목적은 무엇일까? 주기도문의 앞부분을 생각해보라. 하나님의 자녀로 회복되어 아버지의 이름을 거룩히 여기고 그분을 영광스럽게 하는 것이다. 그렇다면 어떻게 아버지의 이름을 거룩히 여길 수 있는가? 그것은 바로 우리의 일상 삶을 통해서 하나님 아버지의 성품과 통치권이 온전히 드러나는 것이다.

'하늘에서 이루어진 것같이'

앞서 언급된 하나님의 뜻을 기초로 하여 볼 때 "하늘에서 이루어진 것같이"는 하나님께서 아들 예수 그리스도를 보내서서 하나님 아버지의 계획(하나님나라의 복음)을 전하시고, 하나님나라 도래의 징표를 보여주시고, 그분의 죽으심을 통하여 잃어버린 자녀의 구원계획을 다 이루시고, 부활 승천하시고 하나님의 우편에 계심으로써 하나님의 뜻이 하늘에서 이루어진 것이다.

또 한편으로 "하늘에서 이루어진 것같이"는 영적 세계에서 일어난 일을 말한다고도 볼 수 있다. 그것은 바로 우리의 죄와 타락으로 인하여 하나님의 보좌 앞에서 우리를 참소하던 마귀들이 더 이상 그곳에 있지 못하게 되었다는 것으로 볼 수도 있다.

> 하늘에 전쟁이 있으니 미가엘과 그의 사자들이 용과 더불어 싸울 새 용과 그
> 의 사자들도 싸우나 이기지 못하여 다시 하늘에서 그들이 있을 곳을 얻지 못
> 한지라 큰 용이 내쫓기니 옛 뱀 곧 마귀라고도 하고 사탄이라고도 하며 온
> 천하를 꾀는 자라 그가 땅으로 내쫓기니 그의 사자들도 그와 함께 내쫓기니
> 라 내가 또 들으니 하늘에 큰 음성이 있어 이르되 이제 우리 하나님의 구원
> 과 능력과 나라와 또 그의 그리스도의 권세가 나타났으니 우리 형제들을 참
> 소하던 자 곧 우리 하나님 앞에서 밤낮 참소하던 자가 쫓겨났고 계 12:7-10

이러한 사실은 그 당시 아직 하나님나라가 도래하지 않았지만 예
수님의 칠십인 제자들이 행한 사역에서도 볼 수 있다. 우리는 이 말
씀을 통하여 이 땅에 실제적인 하나님의 통치는 먼저 영적 세계에서
하나님의 뜻이 이루어져야 한다는 것을 알 수 있다.

> 칠십 인이 기뻐하며 돌아와 이르되 주여 주의 이름이면 귀신들도 우리에게
> 항복하더이다 예수께서 이르시되 사탄이 하늘로부터 번개 같이 떨어지는 것
> 을 내가 보았노라 눅 10:17,18

그렇다면 그 결과는 무엇인가? 그것은 바로 하나님께서 우편에
앉아 계신 예수 그리스도의 이름으로 이 세상과 오는 세상, 그리고
땅 아래, 땅 위, 하늘의 모든 생명체의 무릎을 꿇게 하신 것이다.

모든 통치와 권세와 능력과 주권과 이 세상뿐 아니라 오는 세상에 일컫는 모든 이름 위에 뛰어나게 하시고 또 만물을 그의 발 아래에 복종하게 하시고 그를 만물 위에 교회의 머리로 삼으셨느니라 엡 1:21,22

이러므로 하나님이 그를 지극히 높여 모든 이름 위에 뛰어난 이름을 주사 하늘에 있는 자들과 땅에 있는 자들과 땅 아래에 있는 자들로 모든 무릎을 예수의 이름에 꿇게 하시고 빌 2:9,10

'땅에서도 이루어지이다'

"땅에서도 이루어지이다"라는 것은 바로 그 예수 그리스도로 인하여 뜻이 하늘에서 이루어져서 우리 하나님의 구원과 능력과 나라와 또 그의 그리스도의 권세가 이 땅에 나타나도록 하고(계 12:10), 그 결과 하나님나라가 우리 안에 임하시고 우리가 예수 그리스도 안에서 예수 그리스도의 이름으로 이 땅에 주의 통치가 실제적으로 이루어지도록 하는 것이다. 이 일을 이루시기 위해서 예수님께서는 우리에게 교회를 주셨으며(엡 1:22,23), 하나님께 영광을 돌리기를 원하셨다.

교회는 그의 몸이니 만물 안에서 만물을 충만하게 하시는 이의 충만함이니라 엡 1:23

모든 입으로 예수 그리스도를 주라 시인하여 하나님 아버지께 영광을 돌리게 하셨느니라 빌 2:11

영적인 측면에서 하늘에서 이루어진 뜻이 이 땅에서 우리를 통하여 구체적으로 어떻게 이루어지는가? 그것은 이미 언급한 말씀인 누가복음 10장 17, 18절과 요한계시록 12장 7-10절의 다음 구절을 보면 알 수 있다.

내가 너희에게 뱀과 전갈을 밟으며 원수의 모든 능력을 제어할 권능을 주었으니 너희를 해칠 자가 결코 없으리라 눅 10:19

또 우리 형제들이 어린 양의 피와 자기들이 증언하는 말씀으로써 그를 이겼으니 그들은 죽기까지 자기들의 생명을 아끼지 아니하였도다 계 12:11

"뜻이 하늘에서 이루어진 것같이 땅에서도 이루어지이다"

예수님께서는 뜻이 하늘에서 이루어진 것같이 땅에서도 이루어지는 것이 무엇인지를 보여주시기 위해서 친히 인자로 오셔서 공생애 기간 동안에 이 땅에서 이루어질 일들을 선포하시고 행하셨다.

주 여호와의 영이 내게 내리셨으니 이는 여호와께서 내게 기름을 부으사 가난한 자에게 아름다운 소식을 전하게 하려 하심이라 나를 보내사 마음이 상한 자를 고치며 포로된 자에게 자유를, 갇힌 자에게 놓임을 선포하며 여호와의 은혜의 해와 우리 하나님의 보복의 날을 선포하여 모든 슬픈 자를 위로하되 사 61:1,2

내가 친히 내 양의 목자가 되어 그것들을 누워 있게 할지라 주 여호와의 말씀이니라 그 잃어버린 자를 내가 찾으며 쫓기는 자를 내가 돌아오게 하며 상한 자를 내가 싸매 주며 병든 자를 내가 강하게 하려니와 살진 자와 강한 자는 내가 없애고 정의대로 그것들을 먹이리라 겔 34:15,16

주의 성령이 내게 임하셨으니 이는 가난한 자에게 복음을 전하게 하시려고 내게 기름을 부으시고 나를 보내사 포로 된 자에게 자유를, 눈 먼 자에게 다시 보게 함을 전파하며 눌린 자를 자유롭게 하고 주의 은혜의 해를 전파하게 하려 하심이라 하였더라 눅 4:18,19

예수께서 들으시고 그들에게 이르시되 건강한 자에게는 의사가 쓸 데 없고 병든 자에게라야 쓸 데 있느니라 나는 의인을 부르러 온 것이 아니요 죄인을 부르러 왔노라 하시니라 막 2:17

따라서 이 기도는 하늘에 계신 하나님을 우리 아버지라고 부를 수 있는 자녀들이 예수 그리스도를 통하여 이 땅에 하나님의 나라(통치)가 임한 것을 알고, 예수 그리스도께서 하늘에 계신 하나님 아버지의 뜻을 이 땅에서 이룬 것같이 우리도 주신 믿음을 통하여 그렇게 하겠다는 기도이다. 이 일이 가능한 것은 바로 예수 그리스도 께서 우리로 하여금 이 일을 행할 수 있도록 십자가를 지시고 부활 승천하신 후 우리 안에 거하시며 하나님의 생명을 주셨기 때문이다. 자녀들이 자신의 삶 속에서 하나님의 뜻을 드러낼 때 하나님 아버지 께서는 거룩히 여김을 받으실 수 있게 된다.

구원 후 하나님께서는 우리에게 다스리는 권세를 회복시켜 주시 고, 우리 각자에게 약속의 땅을 주시고, 그곳을 정복하고 다스리게 하시며 하나님의 영을 가진 사람들로 채우기를 원하신다. 그곳은 하늘에 있는 어떤 곳도 아니고 우리가 죽고 난 뒤에 가는 곳도 아니 고 현실의 삶에서 우리 시간의 대부분을 보내는 곳이고, 우리의 생계 를 꾸려나가야 할 곳이고, 경건치 못한 사람들이 있는 곳이고, 세상 적인 생각과 방식이 가득 찬 곳이기도 하다. 바로 이런 땅을 우리에 게 주신 것이다.

> 우리는 그리스도 안에서 그의 은혜의 풍성함을 따라 그의 피로 말미암아 속 량 곧 죄 사함을 받았느니라 이는 그가 모든 지혜와 총명을 우리에게 넘치게 하사 그 뜻의 비밀을 우리에게 알리신 것이요 그의 기뻐하심을 따라 그리스 도 안에서 때가 찬 경륜을 위하여 예정하신 것이니 하늘에 있는 것이나 땅에 있는 것이 다 그리스도 안에서 통일되게 하려 하심이라 엡 1:7-10

궁극적으로 하나님께서는 우리를 통하여 하늘에 있는 것이나 땅 에 있는 것이 다 예수 그리스도 안에 통일되기를 원하신다. 이것은 인간의 타락으로 인하여 잃어버린 하나님의 본래 목적을 회복하는 것이기도 하다. 먼저 인간의 타락으로 인한 죄의 삯과 저주받은 땅을 생각해보라(창 3:17-19). 이제 다시 하나님의 자녀로 거듭난 그리스도인들은 예수 그리스도 안에서 저주받은 이 땅을 회복시켜야 한다. 그것이 바로 "뜻이 하늘에서 이루어진 것같이 땅에서 이루어지이다"라고 기도하는 이유이다.

> 피조물이 고대하는 바는 하나님의 아들들이 나타나는 것이니 피조물이 허무한 데 굴복하는 것은 자기 뜻이 아니요 오직 굴복하게 하시는 이로 말미암음이라 그 바라는 것은 피조물도 썩어짐의 종노릇 한 데서 해방되어 하나님의 자녀들의 영광의 자유에 이르는 것이니라 피조물이 다 이제까지 함께 탄식하며 함께 고통을 겪고 있는 것을 우리가 아느니라 롬 8:19-22

본래 하나님의 계획은 하나님의 자녀인 우리를 통해서 주의 뜻이 이 땅에 이루어지도록 하는 것이었다. 그런데 하나님의 자녀가 타락함으로 그분의 뜻이 이루어지지 못했다. 때가 되었을 때 하나님께서는 예수 그리스도를 통하여 다시 그 일이 회복되기를 원하셨다. 그것을 위해서 예수 그리스도 안에 있는 우리는 뜻이 하늘에서 이룬 것같이 땅에서 이루어지도록 해야 한다. 예수 그리스도께서 행하신 일들로 인하여 뜻이 하늘에서 이미 이루어졌다. 그러나 이 땅에서 하늘의 뜻이 이루어지게 하는 것은 하나님의 자녀인 우리들의 몫이다.

그렇다면 현실적으로는 왜 그렇게 이루어지지 않는가? 허락하신 땅은 이 세상의 가시적 물리적인 장소이지만, 이곳에서 일어나는 모든 상황은 영적인 것으로부터 시작된다는 것을 잘 모르기 때문이다. 모든 상황을 악한 방향으로 이끌고 있는 것은 사람과 일이 아니라 그것들을 붙들고 있는 거짓된 생각과 타락한 사고체계, 정사와 권세, 어두운 세상 주관자, 그리고 하늘에 있는 악한 영의 영향력 등이다.

하나님의 자녀는 예수 그리스도 안에서 새로운 피조물이다. 법적으로는(영적으로는 또는 본질적으로) 하나님의 자녀가 되었으며, 하나님 생명의 말씀이 우리 안에 있다. 그럼에도 불구하고 현실적으로(일상 삶에서) 우리는 하나님의 영이요 생명이신 말씀에 인도함을 받기보다는 여전히 타락한 마음으로 세상과 교제하며 살아가고 있다. 뜻이 하늘에서 이루어진 것같이 땅에서 이루어지도록 하는 것은(하나님의 뜻이 이 땅에 온전히 드러나는 것은) 자신의 마음이 자기라고 믿게 하는 거짓자아에서 벗어나서, 그리스도 의식으로 세상을 보며, 예수 그리스도 안에 있는 새로운 자아가 자신의 마음을 얼마나 새롭게 하는가에 달려 있다. 이것이 바로 '이미 그러나 아직(already but not yet)'인 현재적 하나님나라에서 자녀의 삶이며, 구원을 이루어가는 과정인 것이다.

우리가 미래적 하나님나라에 들어가는 것은 현재적 하나님나라에서 어떻게 사는가에 달려 있다. 이 삶은 주를 위하여 어떤 일을 행하는가에 달려 있는 것이 아니라 무슨 일을 하더라도 아버지의 뜻대로 행하는가에 달려있다. 다른 말로 내가 주를 위해서 어떤 일을 하는가에 있는 것이 아니라 하나님께서 우리를 통하여 그의 영광을 얼마나 드러내는가에 있다는 것이다. 할렐루야!

> 나더러 주여 주여 하는 자마다 다 천국에 들어갈 것이 아니요 다만 하늘에
> 계신 내 아버지의 뜻대로 행하는 자라야 들어가리라 그 날에 많은 사람이 나
> 더러 이르되 주여 주여 우리가 주의 이름으로 선지자 노릇 하며 주의 이름으
> 로 귀신을 쫓아 내며 주의 이름으로 많은 권능을 행하지 아니하였나이까 하
> 리니 그 때에 내가 그들에게 밝히 말하되 내가 너희를 도무지 알지 못하니
> 불법을 행하는 자들아 내게서 떠나가라 하리라 마 7:21-23

그렇다면 우리 일상의 삶 가운데 어떻게 해야 주의 뜻이 이루어지
는가? 그것을 이루기 위한 구체적인 기도가 바로 나머지 주기도문
내용인 것이다. 주기도문의 후반 세 가지 기도는 우리에 대한 기도
혹은 우리를 위한 기도가 아니라 "뜻이 하늘에서 이루어진 것같이
땅에서 이루어지이다"를 이루기 위한 구체적이고 실제적인 기도이다.

이미 언급한 바와 같이, 현재적 하나님나라에서 하나님의 통치는
이미 임했지만 이 세상은 여전히 흑암의 권세 아래 있으며, 마귀는 여
전히 우는 사자처럼 우리의 틈을 노리고 있다.

> 우리의 씨름은 혈과 육을 상대하는 것이 아니요 통치자들과 권세들과 이 어
> 둠의 세상 주관자들과 하늘에 있는 악의 영들을 상대함이라 엡 6:12

> 근신하라 깨어라 너희 대적 마귀가 우는 사자 같이 두루 다니며 삼킬 자를

찾나니 너희는 믿음을 굳건하게 하여 그를 대적하라 이는 세상에 있는 너희 형제들도 동일한 고난을 당하는 줄을 앎이라 벧전 5:8,9

이 영적 전쟁 한가운데서 우리는 하나님의 생명 안에서 철저히 무장하고 주의 지혜와 능력을 이 땅에 나타냄으로 주의 뜻을 이루어가야 한다. 이 일을 위해서 필요한 것이 나머지 주기도문 내용이다.

끝으로 너희가 주 안에서와 그 힘의 능력으로 강건하여지고 마귀의 간계를 능히 대적하기 위하여 하나님의 전신 갑주를 입으라 엡 6:10,11

우리가 육신으로 행하나 육신에 따라 싸우지 아니하노니 우리의 싸우는 무기는 육신에 속한 것이 아니요 오직 어떤 견고한 진도 무너뜨리는 하나님의 능력이라 모든 이론을 무너뜨리며 하나님 아는 것을 대적하여 높아진 것을 다 무너뜨리고 모든 생각을 사로잡아 그리스도에게 복종하게 하니 고후 10:3-5

현재적 하나님나라에서 전쟁은 이 세상의 전쟁과는 다르다는 것을 알아야 한다. 마귀는 우리가 이 차이를 알지 못하게 하고, 우리의 마음(즉 우리의 생각과 능력)으로 이 세상에서 마귀와 전쟁을 벌이도록 한다. 그 전쟁은 백전백패이다. 우리가 승리한 싸움을 싸우기 위해서는 주기도문의 앞 세 부분을 알아야 한다. 그것은 바로 첫 번째는 우리가 하나님의 자녀가 되었다는 사실, 두 번째는 이 전쟁은 나의 전쟁이 아니라 우리의 전쟁이라는 사실, 세 번째는 하나님의 통치가 이 땅에 임했다는 사실, 네 번째는 이 땅에서 주의 뜻을 이루기 위한 전제로서 하늘에서 뜻이 이미 이루어졌다는 사실을 아는 것이다.

우리가 이 사실을 안다면 우리는 현실적으로는 그렇지 않다 하더라도 법적으로 이미 이긴 전쟁을 싸우는 것이다. 이 전쟁의 승패는 우리의 믿음이다.

이것을 너희에게 이르는 것은 너희로 내 안에서 평안을 누리게 하려 함이라
세상에서는 너희가 환난을 당하나 담대하라 내가 세상을 이기었노라
요 16:33

그러므로 … 볼지어다 내가 세상 끝날까지 너희와 항상 함께 있으리라 하시
니라 마 28:19,20

복음에는 하나님의 의가 나타나서 믿음으로 믿음에 이르게 하나니 기록된 바
오직 의인은 믿음으로 말미암아 살리라 함과 같으니라 롬 1:17

1. "뜻이 하늘에서 이루어진 것같이"에서 '뜻'은 무엇을 의미하는
   가?

2. "뜻이 하늘에서 이루어진 것같이 땅에서 이루어지이다"를 영
   적 차원에서 설명한다면?

3. 지금 당신의 삶에서 하나님의 뜻이 이루어지고 있는가? 그렇
   지 않다면 왜인가?

4. 당신은 누구의 이름으로 이 땅에 주의 뜻이 이루어가는가? 그
   이름에는 어떤 능력이 있는가?

chapter

10 전반부와 후반부 세 가지 기도 이해

후반부 세 가지 기도로 넘어가기 전에 다시 한번 주기도문을 읽어 보자.

1) 하늘에 계신 우리 아버지여

2) 이름이 거룩히 여김을 받으시오며

3) 나라가 임하시오며

4) 뜻이 하늘에서 이루어진 것같이 땅에서도 이루어지이다.

5) 오늘 우리에게 일용할 양식을 주시고

6) 우리가 우리에게 죄 지은 자를 사하여 준 것같이 우리 죄를 사하여 주시옵고

7) 우리를 시험에 들게 하지 마시옵고 다만 악에서 구하시옵소서

8) (대개) 나라와 권세와 영광이 아버지께 영원히 있사옵나이다. 아멘

이미 언급한 바와 같이 흔히들 주기도문의 전반부 세 가지 기도 (2,3,4)는 하나님에 대한 청원, 후반부 세 가지 기도(5,6,7)는 우리 자신에 대한 청원으로 나눈다. 즉 주기도문을 하나님과 관련된 기도와 인간적인 문제에 대한 기도로 분리하여 생각하는 것이다. 그러나 예수님이 전하신 하나님나라의 관점에서 볼 때 주기도문의 본론에 해당되는 여섯 가지 기도는 서로 떼려야 뗄 수 없는 하나의 기도이며, 영적인 측면과 현실적인 측면 등으로 분리해서 설명할 수 있는 것이 아니다.

한마디로 요약하면, 전반부 세 가지는 하나님나라의 복음이 이루어지도록 하기 위한 기도이고, 후반부 세 가지는 우리가 어떻게 매일 실제적인 삶을 통하여 그 복음을 이루어갈 수 있는가에 대한 기도이다. 지금까지 기술한 전반부는 예수 그리스도를 통하여 하나님 아버지가 누구이신지를 알고, 이제 그의 자녀가 되어 창조주 하나님의 이름을 거룩히 여기고 영화롭게 하며, 그분의 통치가 우리 안에 이루어짐으로써 우리로 하여금 이 땅에서 주의 뜻을 이루어가도록 하기 위한 기도이다. 얼마나 놀라운 기도인가! 이 전반부 세 가지 기도 안에 예수님께서 오셔서 우리에게 전하신 하나님나라의 복음이 고스란히 들어 있다.

이제 우리가 함께 살펴볼 후반부 세 가지 기도는 이미 구원받은 우리가 매일의 삶 속에서 어떻게 구원을 이루어가며(현재적 하나님나라에서의 실현), 마침내 구원을 완성시키도록 해야 하는가(미래적 하나님나라의 청원)에 대한 기도이다.

후반부 세 가지 기도 중 5)는 우리가 2)3)4)를 이루기 위해서 오늘 우리에게 무엇이 필요한지를 구하는 기도이고, 6)은 2)3)4)를 이루기 위해서 우리 자신을 어떻게 해야 하는지, 7)은 2)3)4)를 이루기 위해서 세상(마귀)에 대해서 어떻게 해야 하는지에 대한 기도이다. 다르게 말하자면 5)는 하나님과의 생명적 관계를 유지하기 위한 기도이다. 우리는 떡으로만 사는 것이 아니라 하나님의 입으로 나오는 말씀으로 살아야 하기 때문이다. 6)은 하나님의 통치가 자신에게 임하시도록 하기 위한 회개와 용서의 기도이다. 우리 자신이 하나님의 영이 거하는 성전이 되기 위해서는 우리의 혼과 육을 정결케 해야 하기 때문이다. 7)은 세상과 마귀의 궤계에서 벗어나기 위한 기도라고도 볼 수 있다. 지금도 마귀는 우는 사자처럼 돌아다니며 두려움, 유혹, 거짓, 참소 등으로 우리를 파멸시키고자 하기 때문이다.

다른 관점에서 볼 때 5)는 현재의 삶을 위한 기도이다. 주어진 오늘 이 24시간의 하루를 살아가기 위해서 필요한 것이 바로 일용할 양식이기 때문이다. 6)은 과거의 삶을 위한 기도이다. 이미 우리에게 일어난 일들을 어떻게 처리해야 하는가? 그것은 바로 내 육체가 지은 죄를 회개하고 다른 사람이 지은 죄를 용서해주는 것이다. 이것이야말로 하나님의 영광이 떠나지 않고, 쉐키나(하나님의 영광이 거함) 할 수 있는 핵심이기 때문이다. 7)은 미래의 삶에 대한 기도라고도 볼 수 있다. 아직 임하지 않았지만 마귀는 늘 우리 주위를 돌면서 다른 사람과 세상을 통하여 우리를 유혹하거나 시험하고 결국 그의 종이 되도록 한다. 따라서 우리가 그리스도로 말미암아 세상이 우리를 대하여 십자가에 못 박히고 우리가 또한 세상을 대하여 십자가에 못 박히기 위해서는 항상 쉬지 말고 기도해야 한다. 시험에 들지 않고 악에 묶이지 않도록 말이다. 결과적으로 후반부 기도 내용은 결국 자기를 부인하고 자기 십자가를 지는 자로 살아가기 위한 기도라고 볼 수 있다.

> 이에 예수께서 제자들에게 이르시되 누구든지 나를 따라오려거든 자기를 부인하고 자기 십자가를 지고 나를 따를 것이니라 마 16:24

1. 예수 그리스도 안에 새로운 피조물이 아닌 자가 주기도대로 살 수 있는가?

2. 주기도문의 전반 세 가지 기도와 후반 세 가지 기도는 어떻게 연결되어 있는가?

3. 주기도문의 가장 핵심적인 구절은 무엇이라고 생각하는가?

4. 후반부의 주기도문을 생각할 때, 최상의 공격 무기, 자신을 위한 보호 무기, 세상으로부터의 방어 무기는 무엇인가?

11

오늘 우리에게
일용할 양식을
주시옵고

'오늘'

'오늘'은 말 그대로 '이 날(this day 혹은 today)'을 뜻한다. 우리는 부모에게서 주어진 생명으로 맞이하는 오늘과 그리스도 안에서 새 생명으로 맞이하는 오늘을 구별할 줄 알아야 한다. 우리는 더 이상 자존자가 아니라 의존자이며, 나의 하루를 사는 존재가 아니라 하나님의 하루를 사는 존재이기 때문이다.

또한 우리는 더 이상 과거와 미래에 묶여 사는 자가 아니다. 시계 시간으로 볼 때 우리 삶에서 실제 과거는 이미 지나간 것이고, 우리의 뇌와 잠재의식에만 남아 있다. 한편 미래는 아직 오직 않았으며, 자신의 과거 경험에 기초하고 현실의 상황에 기초한 마음이 현재로 끌어와 자신의 방식대로 생각하는 것뿐이다.

이제 우리는 영원히 현존하시는 예수 그리스도 안에서 지금 여기, 이 날을 주님의 마음으로 바라보며 살아야 한다. 우리는 더 이상 지나간 과거를 마음의 기억으로 떠올려 그것을 자신과 동일시하면서 살지 말아야 한다. 또한 오지 않은 미래를 현재의 마음으로 가져와 염려, 걱정하고 불안해하며 살지 말아야 한다. 그것 모두는 우리 마음이 만든 심리적 시간이고 상상일 뿐이다. 많은 사람들이 바로 자신의 방식대로 만든 심리적 시간과 상상 때문에 지금 여기, 오늘을 보지 못하고 허상으로 만든 과거와 미래에 묶여 고통 받으며 살고 있는 것이다. 하나님의 자녀인 우리가 우리 마음이 만든 허상 속에 살지 않기 위해서 필요한 것이 무엇인가? 바로 성령 안에서 주어지는 오늘 일용할 양식, 주의 생명의 말씀이다.

우리는 타락 후 우리 거짓자아가 만든 결핍과 욕구로 인하여 지금 여기, 이 날을 대하기를 두려워하거나 부정한다. 이제는 우리의 마음이 자신의 방식대로 만들지 않은 오늘, 즉 하나님이 허락하신 지금 여기, 이 날을 예수 그리스도 안에서 대면할 줄 알아야 한다. 우리 스스로는 결코 그것을 볼 수 없다. 오직 예수 그리스도 안에서 자신을 부정하고 자기 십자가를 진 자만이 직시할 수 있다. 더 이상 과거에 묶이지 않고 이미 새로운 피조물 된 자신의 정체성을 알고 염려와 두려움 없이 미래를 하나님께 의탁한 자만이 오늘을 직시할 수 있기 때문이다.

예수님께서 우리에게 가르쳐주신 기도는 영원히 현존하시는 주 안에서 지금까지 살아온 인생의 마지막 날 그리고 주님이 허락하신 인생의 첫날인 오늘(this day)을 직면하라고 하신다. 그리고 지금 이 순간부터 앞으로 맞이할 하루를 주의 말씀으로 살라고 하신다. 그 것이 바로 '일용할 양식'의 의미이다.

> 그러므로 내일 일을 위하여 염려하지 말라 내일 일은 내일이 염려할 것이요 한 날의 괴로움은 그 날로 족하니라 마 6:34

'양식을'

우리가 일용할 양식을 달라고 구하는 것은 매일 먹을 양식이 부족하기 때문이다. 이 기도문을 제대로 이해하기 위해서 '양식(헬, 알톤)'의 의미를 제대로 파악해야 하며, 이 '양식'을 어떻게 해석하는가에 따라서 이 기도의 해석이 달라진다. '알톤'은 크게 두 가지 용법으로 사용되고 있는데, 좁은 의미로는 육신을 위해 먹는 빵을 나타내며, 넓은 의미로는 생명을 위한 양식을 지칭한다. 다른 말로 이 단어는 경우에 따라 매일 육신을 유지하기 위해서 먹어야 하는 일용할 양식으로 혹은 영혼의 양식으로 해석된다.

위에서 언급한 바와 같이 주기도문의 전반부 세 가지 기도를 하나님과 관계된 기도, 후반부 세 가지 기도를 인간적인 문제에 대한 기도로 본다면, 이 양식을 육적 양식의 의미로 보는 것이 더 타당할 것이다.

많은 경우 이 구절을 볼 때, 구약에 하나님께서 출애굽하여 광야의 삶을 사는 이스라엘 백성에게 하루하루의 생활에 필요한 일용할 양식인 만나를 공급하여 주신 것을 떠올리며 일용할 양식을 생각하게 된다.

그 때에 여호와께서 모세에게 이르시되 보라 내가 너희를 위하여 하늘에서 양식을 비 같이 내리리니 백성이 나가서 일용할 것을 날마다 거둘 것이라 이같이 하여 그들이 내 율법을 준행하나 아니하나 내가 시험하리라 출 16:4

그러나 후반부의 세 가지 기도를 인간적인 문제에 대한 기도가 아니라 전반부 세 가지 기도를 온전히 이루기 위한 우리 삶에 대한 기도라고 생각할 때는 '양식'을 단지 육적 양식이나 세상적인 삶에 필요한 모든 것이라고 보기는 어렵다. 왜냐하면 예수님께서 하나님나라의 관점에서 말씀하신 다음의 구절들과 서로 상치되기 때문이다.

그러므로 내가 너희에게 이르노니 목숨을 위하여 무엇을 먹을까 무엇을 마실까 몸을 위하여 무엇을 입을까 염려하지 말라 목숨이 음식보다 중하지 아니하며 몸이 의복보다 중하지 아니하냐 마 6:25

또 제자들에게 이르시되 그러므로 내가 너희에게 이르노니 너희 목숨을 위하여 무엇을 먹을까 몸을 위하여 무엇을 입을까 염려하지 말라 목숨이 음식보다 중하고 몸이 의복보다 중하니라 눅 12:22,23

또한, 이미 도래한 하나님나라의 관점에서 예수님께서 말씀하신 이 구절을 보라.

> 오늘 있다가 내일 아궁이에 던져지는 들풀도 하나님이 이렇게 입히시거든 하물며 너희일까보냐 믿음이 작은 자들아 그러므로 염려하여 이르기를 무엇을 먹을까 무엇을 마실까 무엇을 입을까 하지 말라 이는 다 이방인들이 구하는 것이라 너희 하늘 아버지께서 이 모든 것이 너희에게 있어야 할 줄을 아시느니라 그런즉 너희는 먼저 그의 나라와 그의 의를 구하라 그리하면 이 모든 것을 너희에게 더하시리라 마 6:30-33

> 까마귀를 생각하라 심지도 아니하고 거두지도 아니하며 골방도 없고 창고도 없으되 하나님이 기르시나니 너희는 새보다 얼마나 더 귀하냐 또 너희 중에 누가 염려함으로 그 키를 한 자라도 더할 수 있느냐 그런즉 가장 작은 일도 하지 못하면서 어찌 다른 일들을 염려하느냐 백합화를 생각하여 보라 실도 만들지 않고 짜지도 아니하느니라 그러나 내가 너희에게 말하노니 솔로몬의 모든 영광으로도 입은 것이 이 꽃 하나만큼 훌륭하지 못하였느니라
>
> 눅 12:24-27

예수님께서는 육신의 삶을 유지하기 위한 일용할 양식에 대해서 염려하지 말라고 하신다. 그리고 이미 하나님께서는 우리에게 무엇이 필요한지도 알고 계신다고 말씀하신다. 그렇다면 그의 나라와 의를 구한 자에게 일용할 양식이란 무엇을 의미하는 것일까? 우리는

주님의 가르침을 통해서 그것이 무엇인지를 알 수 있다.

> 예수께서 대답하여 이르시되 기록되었으되 사람이 떡으로만 살 것이 아니요
> 하나님의 입으로부터 나오는 모든 말씀으로 살 것이라 하였느니라 하시니
>
> 마 4:4

또한 예수님께서 수가성 여인을 만난 다음에 제자들에게 양식에 대해서 말씀하셨다.

> 이르시되 내게는 너희가 알지 못하는 먹을 양식이 있느니라 제자들이 서로
> 말하되 누가 잡수실 것을 갖다 드렸는가 하니 예수께서 이르시되 나의 양식
> 은 나를 보내신 이의 뜻을 행하며 그의 일을 온전히 이루는 이것이니라
>
> 요 4:32-34

예수님께서는 당신이 먹는 양식은 바로 '보내신 이의 뜻을 행하고 그 일을 온전히 이루는 것'이라고 언급하셨다. 그렇다면 무엇으로 아버지의 뜻을 행하고, 그 일을 온전히 이룰 수 있는 것인가? 그것은 바로 말씀이다. 하나님께서는 말씀으로 천지만물을 지으셨고, 오늘도 말씀으로 천지만물을 붙들고 계시며, 왜곡되고 변질되고 타락한 세상을 바꾸는 것도 말씀이라고 하셨다.

한 걸음 더 나아가서 예수님께서는 당신 자신이 양식 즉 생명의 떡이라고 하셨고, 자신 안에 거하는 자는 모든 양식이 풍성하다고 말

씀하신다. 왜냐하면 말씀이 육신이 되어 이 땅에 오신 분이 바로 예수님이시기 때문이다(요 1:14).

> 예수께서 이르시되 나는 생명의 떡이니 내게 오는 자는 결코 주리지 아니할 터이요 나를 믿는 자는 영원히 목마르지 아니하리라 요 6:35

> 너희가 내 안에 거하고 내 말이 너희 안에 거하면 무엇이든지 원하는 대로 구하라 그리하면 이루리라 요 15:7

이 양식의 의미는 요한계시록에 나오는 주의 말씀을 통해서도 알 수 있다.

> 볼지어다 내가 문 밖에 서서 두드리노니 누구든지 내 음성을 듣고 문을 열면 내가 그에게로 들어가 그와 더불어 먹고 그는 나와 더불어 먹으리라 계 3:20

이 말씀은 예수님께서 주의 뜻을 행하는 일에 열심을 내지 않는 라오디게아 교회에게 말씀하신 것이다. 이때 음식을 함께 먹는다는 것은 육신의 양식을 먹는다는 뜻이 아니라 주의 말씀을 알게 된다는 것을 의미한다.

따라서 양식은 육신을 보존하기 위해서 먹을 양식보다는 오늘 필수적으로 이루어야 할 하나님의 뜻을 이루기 위한 생명의 양식을 의미한다고 볼 수 있다. 그것은 바로 말씀이며, 이미 하늘나라에서 법적으로 이루어진 주의 말씀을 먹고 살 때 우리는 이 땅에 그 말씀에 따른 하나님의 뜻을 실제로 이루게 된다는 것이다. 즉, 뜻이 하늘에서 이루어진 것같이 땅에서 이루기 위해서 주의 말씀을 먹고 행할 때 그 결과로 먹을 음식뿐만 아니라 의복, 주택, 건강, 관계, 일, 더 나아가 하나님의 사랑에 관련된 모든 것들이 실제로 이루어진다는 것이다.

> 믿음으로 모든 세계가 하나님의 말씀으로 지어진 줄을 우리가 아나니 보이는 것은 나타난 것으로 말미암아 된 것이 아니니라 히 11:3

'일용할'

"일용할"은 헬라어로 '에피우시온'으로, 이 단어는 아직도 일치된 견해가 없을 만큼 해석이 분분한 단어이다. 이 단어는 '존재를 위해서 필수적인', '오늘을 위한', '다음날을 위한' 또는 '미래를 위한' 등의 다양한 뜻으로 해석된다. 따라서 어느 한 정의에만 국한될 것이 아니라 이 뜻을 통합해서 이해할 때 더 포괄적이고 정확한 의미를 알 수 있게 된다. 우리는 매일 하나님의 뜻을 이 땅에 이루어가는 존재로 새롭게 지음을 받았다. 따라서 "일용할"의 뜻은 '앞으로 살아가야 할 하루 동안 필수적인'의 의미를 지닌다고 볼 수 있다. 그 말은 '우리가 보낼 하루 동안 우리 자신의 뜻을 이루는 삶을 살지 않고, 주의 뜻을 이루는 삶을 살 수 있는'이라는 뜻을 지닌다.

만약 이 "일용할"을 '다음날을 위한' 또는 '미래를 위한'과 같이 종말론적으로 이해한다면, 자신의 삶을 하나님께 드림으로 지금 여기에서 하나님과의 생명적인 관계를 가지며 그리스도를 나타내는 것으로 보지 않고 자신의 삶을 스스로 책임지고자 내일 혹은 미래를 위해서 하나님께 간구하는 것으로 해석될 수 있을 것이다. 그럴 때는 예수님께서 내일 일을 위해서 염려하지 말라고 하신 말씀과 상치된다.

> 그런즉 너희는 먼저 그의 나라와 그의 의를 구하라 그리하면 이 모든 것을
> 너희에게 더하시리라 그러므로 내일 일을 위하여 염려하지 말라 내일 일은
> 내일이 염려할 것이요 한 날의 괴로움은 그 날로 족하니라
>
> 마 6:33,34

"오늘 우리에게 일용할 양식을 주시옵고"

이 말씀은 무엇보다도 하나님의 통치가 우리 안에 이루어졌기 때문에(나라가 임하시오며) 하나님의 자녀인 우리가 매일 뜻이 하늘에서 이룬 것같이 땅에서 이루어지도록 하기 위해서는 우리가 주도하고 계획하는 것이 아니라 지금 여기 이 날에 하나님과 생명적인 교제를 하면서 그리스도의 마음으로 세상을 보며 내 삶을 온전히 주님께 의탁해야 한다는 뜻이다(오늘 우리에게 일용할). 이는 우리가 먹기 위해서 살거나 성공하거나 형통하기 위해서 사는 존재가 아니라

주의 말씀을 이루는 존재로 새롭게 태어났기 때문이다(양식을 주시고). 이 말씀은 오늘날 이 세상에서 자신이 계획하고 이끌어가는 삶을 성공시키기 위해서 주님을 이용하는 자기중심적 기독교 신자에게 하나님나라에서 실제적인 자녀의 삶이 무엇인지를 명확하게 알려주고 있다.

또한 이 말씀은 우리에게 구약에서와 같은 행위보상적인 삶이 끝나고 매일 은혜의 삶이 도래했다는 것을 알려주고 있다. 이것은 아담이 죄를 지음으로써 모든 인류에게 임했던 원죄의 형벌이 끝났다는 것을 의미하기도 한다. 아담이 죄를 지었을 때 그 결과로 땅이 저주를 받았고 가시덤불과 엉겅퀴를 냄으로써 평생에 땀을 흘리고 수고하여야 그 소산을 먹을 수 있게 되었다. 즉 타락의 형벌로서 스스로 일을 해야만 양식을 얻을 수 있게 된 것이다.

> 아담에게 이르시되 네가 네 아내의 말을 듣고 내가 네게 먹지 말라 한 나무의 열매를 먹었은즉 땅은 너로 말미암아 저주를 받고 너는 네 평생에 수고하여야 그 소산을 먹으리라 땅이 네게 가시덤불과 엉겅퀴를 낼 것이라 네가 먹을 것은 밭의 채소인즉 네가 흙으로 돌아갈 때까지 얼굴에 땀을 흘려야 먹을 것을 먹으리니 네가 그것에서 취함을 입었음이라 너는 흙이니 흙으로 돌아갈 것이니라 하시니라 창 3:17-19

그러나 예수 그리스도의 죽으심과 부활에 연합한 자는 모든 죄의 형벌로부터 자유함을 얻었다. 이제 하나님나라에서 하나님 자녀는 더 이상 스스로의 노력으로 자신의 생명을 유지해 나가는 것이 아니라 매일 생명나무의 열매를 먹음으로써 하나님나라의 삶이 무엇인지를 알아야 한다.

"오늘 우리에게 일용할 양식을 주시고"라는 기도는 하나님의 뜻을 이루기 위한 주의 생명의 말씀을 달라는 것이다. 실제로 예수님께서는 매일 뜻이 하늘에서 이루어진 것같이 땅에서 이루어지는 것을 우리에게 보여주셨다. 그것이 바로 표적이다. 하늘에서 이루어진 것은 바로 생명의 말씀이고, 그것이 실체로 이 땅에 나타난 것이 바로 표적이다. 말씀이 육신이 되어 이 땅에 오신 예수님께서는 사람들이 하나님의 말씀을 이 땅에 이루시는 자신의 표적을 보면서도 그 생명의 떡보다 눈에 보이는 떡만을 구하고 있다고 꾸중하셨다.

> 예수께서 대답하여 이르시되 내가 진실로 진실로 너희에게 이르노니 너희가 나를 찾는 것은 표적을 본 까닭이 아니요 떡을 먹고 배부른 까닭이로다 썩을 양식을 위하여 일하지 말고 영생하도록 있는 양식을 위하여 하라 이 양식은 인자가 너희에게 주리니 인자는 아버지 하나님께서 인치신 자니라
>
> 요 6:26,27

예수님께서는 유대인들이 과거 광야에서 먹은 만나도 하늘로부터 주어진 것이지만 모세가 보내준 것이 아니라 하나님 아버지께서 보내주신 것이며, 이제는 아버지께서 영원히 주리지 않는 생명의 떡을 주실 것이라고 말씀하셨다.

기록된 바 하늘에서 그들에게 떡을 주어 먹게 하였다 함과 같이 우리 조상들은 광야에서 만나를 먹었나이다 예수께서 이르시되 내가 진실로 진실로 너희에게 이르노니 모세가 너희에게 하늘로부터 떡을 준 것이 아니라 내 아버지께서 너희에게 하늘로부터 참 떡을 주시나니 하나님의 떡은 하늘에서 내려 세상에 생명을 주는 것이니라 그들이 이르되 주여 이 떡을 항상 우리에게 주소서 예수께서 이르시되 나는 생명의 떡이니 내게 오는 자는 결코 주리지 아니할 터이요 나를 믿는 자는 영원히 목마르지 아니하리라 요 6:31-35

우리는 예수님께서 하신 말씀을 통하여 양식은 간접적으로는 말씀이고, 직접적으로는 말씀이 육신이 되어 이 땅에 오신 예수님 자신인 것을 알 수 있다. 우리가 먹어야 할 양식을 가장 잘 나타낸 말씀은 바로 "너희가 내 안에 거하고 내 말이 너희 안에 거하면(요 15:7)"일 것이다. 이것이 바로 오늘 주어진 하루에 주의 뜻을 행하기 위해서 필요한 참 양식이다.

따라서 일용할 양식을 달라고 하는 것은 매일 예수 그리스도 안에서 살아가면서 주의 뜻을 이루기 합당한 말씀을 달라는 것이다. 그것이 바로 자녀의 삶에서 모든 것들의 근원적인 양식이기 때문이다. 우리는 매일 매일 새로운 신선한 음식을 먹어야 한다. 그 말은 매일 매일 주님이 주시는 말씀으로 살아야 한다는 것이다. 하나님께서는 우리가 그분 앞으로 나아갈 때 매일 매일 그 날을 위한 말씀을 주신다. 우리에게 성경의 말씀(logos)이 있지만, 그날을 위하여 주님이 주시는 말씀(rhema)이 있어야 한다. 우리는 주어진 하루에 이 말씀을 이 땅에 이룸으로써 허락하신 하나님의 하루를 보내는 것이다.

왜 일용할 양식이 필요할까? 그 문제에 답하기 전에, 하나님께서 만약 일용할 양식이 아니라 일주일 먹을 양식, 한 달 먹을 양식을 주신다고 생각해보라. 우리는 이 세상에 살면서 하나님의 뜻을 나타내는 존재이지만, 마귀는 늘 환경을 통하여 우리의 마음이 하나님의 뜻을 이루기보다는 자신의 뜻(탐욕)을 이루도록 우리를 속이고 위협한다. 그 가운데 하나님은 우리가 그렇게 되지 않도록 매일 주님 앞에 다시 나오기를 원하시고, 우리를 새롭게 하시기를 원하시고, 그 마귀를 멸할 새로운 계획과 전략을 주시기를 원하신다.

설령 우리가 어떤 때에 하나님의 양식을 먹지 못하고 또 주의 뜻대로 살지 못했을지라도 회개하게 하시고 매일 새롭게 다시 시작하시기를 원하신다. 우리가 다시 돌아올 수 없는 다른 길로 가지 않기를 원하신다. 우리를 매일 만나주시기를 원하신다. 얼마나 자비로우신 하나님이신가? 또한, 매일 주님과 관계하며 주님을 의지할 때 우리를 먹여 살리는 것이 육의 양식이 아니라 하나님이시며, 그 양식을 주시는 하나님께서 우리의 생명이시고 우리를 이 땅에 자녀로 존재하게 하시는 분이시라는 사실을 알려주시기를 원하신다.

여호와의 인자와 긍휼이 무궁하시므로 우리가 진멸되지 아니함이니이다 이 것들이 아침마다 새로우니 주의 성실하심이 크시도소이다

애 3:22,23

우리는 말씀이 진리이고 하나님께서 말씀을 주신 것을 알기 때문에 말씀으로 살아가기를 원한다. 그래서 말씀공부를 신앙생활에서 가장 귀중한 것으로 여긴다. 그러나 하나님께서 말씀을 주신 이유는 그 말씀을 통해서 하나님을 만나고 그분과 생명을 나누며, 그 말씀대로 이루어지기를 원하셨기 때문이다. 그런데 언제부터인지 우리는 살아계신 하나님을 만나기보다는 기록된 말씀을 가지고 살아가는 경우가 허다하다.

> 그 말씀이 너희 속에 거하지 아니하니 이는 그가 보내신 이를 믿지 아니함이라 너희가 성경에서 영생을 얻는 줄 생각하고 성경을 연구하거니와 이 성경이 곧 내게 대하여 증언하는 것이니라 그러나 너희가 영생을 얻기 위하여 내게 오기를 원하지 아니하는도다 요 5:38-40

우리는 다시 "오늘 우리에게 일용할 양식을 주시옵고"라고 기도해야 한다. 그럴 때 우리는 이 기도를 통해서 그리스도 안에서 매순간 하나님께 의존하고, 주시는 말씀을 성령을 통하여 듣고, 그 말씀을 자신의 일상에서 이루고자 하는 삶을 살 수 있다.

1. '양식'은 무엇을 의미하는가?

2. 우리는 왜 일주일도 아니고 '일용할' 양식을 구해야 하는가?

3. "뜻이 하늘에서 이루어진 것같이 땅에서 이루어지이다"와 '일용할 양식'은 어떤 관계인가?

4. 일은 먹고 살기 위한(양식을 벌기 위한) 수단인가 아니면 하나님을 나타내는 수단인가? 그렇다면 당신은 살기 위해서 일하는가, 일하기 위해서 사는가? 일과 양식은 어떤 관계인가?

12 우리가 우리에게 죄 지은 자를 사하여 준 것같이 우리 죄를 사하여 주시옵고

'죄 지은'

이 부분에 대해서 개역개정판 한글성경에서는 마태복음과 누가복음 모두에서 죄라고 표현하였지만, 실제로는 다른 의미를 나타내고 있다. 마태복음에서 '죄'는 헬라어로 '오페이레마타'로 '빚 혹은 부채'를 의미하지만, 누가복음에서 '죄'는 헬라어 '하마르티아스'로 '죄들'을 뜻한다.

우리가 우리에게 죄 지은(헬, 오페일레타이스) 자를 사하여 준 것같이 우리 죄(헬, 오페일레마타)를 사하여 주시옵고 마 6:12

우리가 우리에게 죄 지은(헬, 오페일론티) 모든 사람을 용서하오니 우리 죄

(헬. 하마르티아스) 사하여 주시옵고 … 눅 11:4

이 구절이 서로 다르게 표현된 것처럼 보이지만, 두 본문의 의미는 동일하다. 그리고 많은 번역본은 아래처럼 죄 대신에 빚(debt)으로 표현하고 있다. 빚의 개념은 하나님과 다른 사람에 대한 빚의 의미로 잘못과 죄를 가리키는 비유적 표현이다.

또 우리가 우리의 빚진 자들을 사하여 준 것같이 당신이 우리에게 우리의 빚들을 사하여 주시옵고 마 6:12 (KJV, NKJV, NIV, ESV, NASB, RSV, ASV, YNG, DBY, WEB, HNV)

'우리에게 죄 지은 자를 사하는 것'과 '우리 죄를 사함 받는 것'

주기도문의 이 구절을 해석하는 데 가장 큰 난점은, 하나님께서 우리의 죄를 사해주시는 것과 우리가 다른 사람의 죄를 용서해주는 것 사이에 어떤 관계가 있느냐에 대한 것이다.

예수님께서는 이 말씀을 더 정확히 이해하도록 하기 위해서 주기도문에 이어서 한 번 더 강조하셨다.

너희가 사람의 잘못을 용서하면 너희 하늘 아버지께서도 너희 잘못을 용서하시려니와 너희가 사람의 잘못을 용서하지 아니하면 너희 아버지께서도 너희 잘못을 용서하지 아니하시리라 마 6:14,15

우리가 하나님나라의 비밀을 제대로 깨닫지 못하고 이 구절을 읽으면 두 가지 잘못을 범하게 된다. 첫 번째는 우리 죄가 아직 사함을 받지 못했기 때문에 우리 죄를 사하여 달라는 것으로 이해하게 된다.

두 번째는 "우리가 우리에게 죄 지은 자들을 사하여 준 것같이"를 조건절로 생각해서 먼저 우리가 다른 사람의 죄를 용서해주면, 그 결과로 하나님께서도 우리의 죄를 사해주실 수 있다고 생각하게 된다. 만약 이 말씀을 그대로 받아들인다면 이 내용은 우리가 하나님의 법을 지키지 않으면 저주와 죽음 가운데 놓이게 된다는 과거의 율법적인 기도와 다르지 않게 된다. 왜냐하면 우리가 이미 예수 그리스도로 말미암아 죄 사함을 받았음에도 불구하고 우리가 다른 사람의 죄를 용서해주지 않으면 하나님께서도 우리의 죄를 용서해주시지 않는 것으로(마치 하나님의 자녀의 신분이 박탈되는 것으로) 되기 때문이다.

과연 예수님께서 우리에게 가르쳐주신 기도가 그런 뜻을 지니고 있는 것일까? 내가 다른 사람의 죄를 용서하지 않으면 하나님께서 나의 죄를 탕감해주신 것을 번복하신다는 뜻인데 과연 그런가? 그렇다면 하나님께서 우리의 죄를 용서해주시는 것이 우리의 태도와 행동에 달려 있다는 것인가? 우리의 구원도 우리의 태도에 따라 얼마든지 취소될 수 있다는 말인가? 만약 우리가 다른 사람을 우리의 의지로 용서할 수 있다면 하나님께 드리는 기도가 왜 필요한 것인가? 이런 생각을 바탕으로 해석하면 우리 자신이 하나님의 뜻을 이루기 위한 기준이 되게 된다. 주기도문의 앞 구절들을 고려하면 예수님께서는 결코 그런 의미로 이 기도를 가르쳐주신 것은 아닐 것이다. 당시의 율법적이고 행위보상적인 유대인의 기도와는 다른 기도를 가르쳐주시기 위해 "너희는 이렇게 기도하라"라고 하셨던 예수님의 말씀을 생각해보면 말이다.

이 구절을 해석하기 위해서 분명히 알아야 할 사실은 주기도문은 이미 하나님나라에 거하는 하나님의 자녀 된 자에게 주시는 가르침이라는 것이다. 다른 말로 죄 용서함을 받기 위한 기도가 아니라, 이미 죄 사함을 받은 하나님의 자녀가 이 땅에 주의 뜻을 이루며 살아가는 동안에 지은 죄를 사함 받는 것에 대해서 말씀하고 있는 것이다. 다른 말로 성화와 관련된 죄 용서에 대해서 말하고 있다.

"우리가 우리에게 죄 지은 자를 사하여 준 것같이…"

우선 한글 주기도문에서 조건절처럼 보이는 마태복음의 "사하여 준 것같이"를 생각해보자. "… 사하여 준 것같이"에 사용된 헬라어 'ἀφήκαμεν'(아페카멘, 우리가 사하여 주었다)이라는 단순과거 시제는 동시성을 나타내는 아람어의 완료시제를 반영한 것으로 보아, 앞 구절이 조건절이 되는 것이 아니다. 다른 말로 우리에게 죄 지은 다른 사람의 죄를 사할 때 비로소 그 결과로 우리의 죄가 사함을 받는다는 뜻이 아니라는 것이다.

타락한 인간은 본래 다른 사람의 지은 죄를 용서할 수 없는 존재였다. 왜냐하면 자신이 하나님처럼 살고자 하기 때문이다. 그래서 우리는 눈은 눈으로, 이는 이로 갚는 존재였다.

또 눈은 눈으로, 이는 이로 갚으라 하였다는 것을 너희가 들었으나

마 5:38

그러나 하나님께서 예수님을 통하여 우리의 죄를 이미 사하여 주셨기 때문에 우리도 우리에게 죄 지은 자를 용서할 수 있게 된 것이다. 우리가 예수 그리스도의 피로 말미암아 죄 사함을 받았기 때문에 비로소 죄의 저주로부터 자유함을 얻었고, 내 안에 계신 예수 그리스도로 말미암아 우리에게 죄 지은 자를 사할 수 있다.

이 구절을 보다 정확히 이해하기 위해서는 이미 언급한 것처럼 주기도문 바로 다음에 나오는 마태복음 6장 14, 15절을 제대로 해석해야 한다. "너희가 사람의 잘못을 용서하면 너희 하늘 아버지께서도 너희 잘못을 용서하시려니와 너희가 사람의 잘못을 용서하지 아니하면 너희 아버지께서도 너희 잘못을 용서하지 아니하시리라"라는 구절은 구원받지 못한 자에게 말씀하시는 것이 아니라 이미 하나님 나라의 자녀가 된 자에게 말씀하신 것이다. 우리가 다시 죄를 짓거나 다른 사람을 용서하지 않는다고 해서 하나님께서 우리의 죄를 탕감해주신 것을 다시 취소시킨다는 것은 하나님의 본성과 하나님 나라의 복음에 일치되지 않는다. 이미 하나님께서 우리의 엄청난 죄를 용서해주셨음에도 불구하고(엄청난 빚을 탕감해주셨음에도 불구하

고, 즉 그 결과로 우리가 하나님의 자녀가 되었음에도 불구하고 그리고 본질적으로 새롭게 된 사람임에도 불구하고), 우리가 실제 삶에서 주의 뜻을 이루지 않는다면(우리의 마음으로 하나님의 뜻에 순종하지 않는다면) 우리 마음이 아직도 하나님의 용서를 진정으로 받아들이지 못하는 것이기 때문에 우리의 육신이 매일 지은 죄를 하나님께 용서받을 수 없다는 것이다. 또한 용서의 기준은 다른 사람이 나에게 죄 지은(빚을 진) 정도가 아니라 하나님께서 나의 죄를 탕감해준 정도이며, 또한 용서는 우리가 흔히 겪고 있는 감정의 문제가 아니라 하나님나라의 법의 문제라고 명확히 선포하신 것이다. 또한 이것은 하나님나라의 법을 알려주는 새 언약이 우리 스스로 지키고 행해야 하는 것이 아니라, 예수 그리스도 안에서 우리가 이루어야 할 약속이라는 것을 다시 한번 보여준다.

결론적으로 하나님께서는 그의 나라에서 하나님의 은혜를 입고 자녀가 되었음에도 불구하고 하나님의 뜻을 나타내는 삶을 살지 않고 세상법대로 사는 것을 기뻐하시지 않으며, 그렇게 사는 자는 비록 구원은 받았지만 하나님나라의 법의 혜택을 누리지도 못할 뿐만 아니라(하나님의 자녀이지만 하나님과의 생명적 교제가 끊어지게 되고) 마귀의 합법적인 영향력 아래 있을 수밖에 없다는 것이 이 비유의 핵심이다.

하나님의 사랑으로 우리가 예수 그리스도 안에 새로운 피조물이 되었다면(그리스도 안에 있는 새로운 자아로 살아가는 속사람), 이제 우리의 마음도(자신의 마음이 자기라고 믿고 사는 겉사람) 하나님의 사랑을 나타내는 존재가 되어야 한다. 이 말씀을 하신 것은 다른 사람의 죄를 사하는 것이 내 죄를 사함받기 위한 조건이 아니라, 이미 이루어진 죄 사함 가운데서 하나님의 뜻을 이루는 삶을 살아야 한다는 것이다. 그것이 바로 이 땅에 주의 뜻을 이루는 것이다.

내가 옛사람에서 새사람의 삶을 살게 되었다는 것을 어떻게 증명할 수 있는가? 다른 말로 내 안에 하나님의 생명인 사랑이 있다는 것을 어떻게 증명할 수 있는가? 그것은 바로 우리가 우리에게 죄 지은 사람을 용서해주는 것을 통해서 알 수 있다. 우리는 그것을 통해서 우리 본질의 변화(옛사람에서 새사람이 되었다는)와 하나님의 놀라운 사랑(헬, 아가페)을 실제적으로 체험하게 되는 것이다.

> 누가 누구에게 불만이 있거든 서로 용납하여 피차 용서하되 주께서 너희를 용서하신 것같이 너희도 그리하고 이 모든 것 위에 사랑을 더하라 이는 온전하게 매는 띠니라 골 3:13,14

"… 우리 죄를 사하여 주시옵고"

이제 하나님의 자녀의 관점에서 "우리가 우리에게 죄 지은 자를 사하여 준 것같이 우리 죄를 사하여 주시옵고"에 대해서 알아보자. 이 구절을 더 정확하게 해석하기 위해서는 행위보상적인 사고방식에서 벗어나야 한다. 즉 우리의 죄가 사함을 받지 못했지만 우리가 다른 사람의 죄를 사하면 그 조건으로 우리의 죄가 사함 받는다는 뜻으로 이해하면 안 된다. 하나님나라의 사고방식은 "하나님께서 이미 이루어 주셨기 때문에, 나도 주 안에서 그렇게 할 수 있습니다"의 사고방식이다. 이것은 앞 구절인 마태복음 6장 10절의 "뜻이 하늘에서 이루어진 것같이 땅에서도 이루어지이다"와 같은 맥락이다. 이러한 사실은 주기도문을 배운 제자들이 그 말씀을 어떻게 적용했는지를 통해서도 더 잘 알 수 있다.

> 서로 친절하게 하며 불쌍히 여기며 서로 용서하기를 하나님이 그리스도 안에서 너희를 용서하심과 같이 하라 엡 4:32

우리는 이미 예수 그리스도의 죽으심과 부활하심에 연합함으로써 우리의 원죄를 사함 받았다. 하나님의 은혜로 인하여 믿음으로 거듭난 우리는 더 이상 육적 존재가 아니라 영적 존재이며, 우리 안에 하나님의 생명이 함께하심으로 본질적으로 죄를 지을 수 없는 존재가 되었다. 그래서 성경은 우리가 예수 그리스도 안에서 새로운 피조물, 그리고 하나님의 의가 되었다고 말한다. 이제는 더 이상 자신의 마음이 자기라고 믿게 하는 거짓자아에 속아 사는 존재가 아니라 그리스도 안에 새로운 자아가 자신의 마음을 새롭게 함으로써 (영으로서 몸의 행실을 죽임으로써) 주의 뜻을 이루어가는 존재가 된 것이다.

하나님께로부터 난 자마다 죄를 짓지 아니하나니 이는 하나님의 씨가

그의 속에 거함이요 그도 범죄하지 못하는 것은 하나님께로부터 났음이라 요일 3:9

그러므로 형제들아 우리가 빚진 자로되 육신에게 져서 육신대로 살 것이 아니니라 너희가 육신대로 살면 반드시 죽을 것이로되 영으로써 몸의 행실을 죽이면 살리니 롬 8:12,13

우리 안에 하나님의 영이 계시고 그 생명으로 인하여 새로운 존재(속사람)가 되었지만, 현실적으로 구습에 젖은 우리 마음(겉사람)은 여전히, 그것도 매일 죄를 범하는 육신의 삶을 살고 있다. 이 부분에 대해서 사도 바울은 자신의 심경을 로마서 7장에서 가장 잘 나타내고 있다. 사도 바울은 로마서 6장에서 이미 옛사람을 십자가에 못 박음으로써 우리는 죄에서 벗어나 의롭다 하심을 얻었다고 고백하고 있다.

우리가 알거니와 우리의 옛 사람이 예수와 함께 십자가에 못 박힌 것은 죄의 몸이 죽어 다시는 우리가 죄에게 종노릇 하지 아니하려 함이니 이는 죽은 자가 죄에서 벗어나 의롭다 하심을 얻었음이라 롬 6:6,7

그럼에도 불구하고 로마서 7장에서는 마음은 원이로되 주의 뜻대로 살지 못하는 현실의 삶을 바라보며 자신을 한탄하고 있다.

내 속 곧 내 육신에 선한 것이 거하지 아니하는 줄을 아노니 원함은 내게 있으나 선을 행하는 것은 없노라 내가 원하는 바 선은 행하지 아니하고 도리어 원하지 아니하는 바 악을 행하는도다 만일 내가 원하지 아니하는 그것을 하면 이를 행하는 자는 내가 아니요 내 속에 거하는 죄니라 그러므로 내가 한 법을 깨달았노니 곧 선을 행하기 원하는 나에게 악이 함께 있는 것이로다 내 속사람으로는 하나님의 법을 즐거워하되 내 지체 속에서 한 다른 법이 내 마음의 법과 싸워 내 지체 속에 있는 죄의 법으로 나를 사로잡는 것을 보는도다 오호라 나는 곤고한 사람이로다 이 사망의 몸에서 누가 나를 건져내랴

롬 7:18-24

자신의 마음이 마음을 변화시킬 수 없다(18,19절). 마음의 생각과 감정 그리고 자신의 육체가 자신이라고 믿게 하는 그 마음(거짓자아)이 문제인데, 그 마음에서 벗어나 그리스도 의식(새 생명 가운데 주어진 새로운 자아)을 체험하는 대신에(22절) 그 마음으로 자신을 변화시키려고 애쓰는 것은 어리석은 일임을 알아야 한다(23절). 이것이 바로 현재적 하나님나라에서 우리가 겪어야 하는 '이미와 아직', 즉 본질적인 측면(영적인 측면)과 현실적인 측면(육적인 측면)의 갈등이다. 다른 말로 우리 안에 예수 그리스도가 계심으로 우리의 본질은 변했고(속사람으로) 하나님의 자녀가 되었지만, 현실적인 삶에서 우리의 (겉사람에 이끌리는) 육신은 여전히 과거와 동일한 삶을 살고 있다는 것이다.

육신을 따르는 자는 육신의 일을, 영을 따르는 자는 영의 일을 생각하나니

롬 8:5

너희가 육신대로 살면 반드시 죽을 것이로되 영으로써 몸의 행실을 죽이면
살리니 롬 8:13

그래서 우리는 매일 마음의 육적인 생각 대신에 새로운 자아로 영
적 생각을 가져야 하며, 새로운 자아를 통해서 주시는 성령과 말씀
으로 옛 본성에 의해서 형성된 마음의 구습과 태도를 십자가에 못 박
아 나가야 하는 것이다.

우리는 이 땅에 사는 동안 하나님의 생명 가운데 있으면서도 하나
님의 본성을 제대로 나타내지 못하는 육신(우리 마음이 자기라고 믿게
하는 거짓자아에 이끌리는)이 매일 짓는 죄를 회개해야 한다. 육신의
죄는 예수 그리스도를 믿기 때문에 사함 받는 것이 아니라 오직 우
리 속사람 안에 계시는 예수 그리스도의 이름으로 회개할 때 그분의
중보로 우리는 늘 하나님 아버지와 온전한 관계를 유지할 수 있다.

만일 우리가 죄가 없다고 말하면 스스로 속이고 또 진리가 우리 속에 있지
아니할 것이요 만일 우리가 우리 죄를 자백하면 그는 미쁘시고 의로우사 우
리 죄를 사하시며 우리를 모든 불의에서 깨끗하게 하실 것이요 만일 우리가
범죄하지 아니하였다 하면 하나님을 거짓말하는 이로 만드는 것이니 또한 그
의 말씀이 우리 속에 있지 아니하니라 요일 1:8-10

따라서 주께서 내 안에 계심으로 인하여 내가 다른 사람의 죄를 용서한 것처럼, 육신이 매일 짓는 죄를 내 안에 계신 주님의 이름으로 회개함으로 사함 받게 해 달라는 것이다.

이것이 바로 예수님께서 우리에게 가르쳐주신 용서와 회개의 기도이다. 과거 타락한 우리는 죄성을 지니고 마귀의 본성을 나타내는 본질상 진노의 자녀였지만(옛사람), 이제 예수 그리스도 안에 새로운 피조물로서 더 이상 본질적으로 죄를 지을 수 없는 존재일 뿐만 아니라 하나님의 본성을 나타내는 존재가 되었다(새사람). 그럼에도 현실적인 삶에서는 여전히 우리의 육신은 세상에 묶일 때가 많고 하나님께서 원치 않으시는 죄를 지을 때가 많다. 그러나 주님께서 내 안에 계심으로 내가 다른 사람의 죄를 용서하여 준 것같이, 매일 짓는 우리 육신의 죄도 내 안에 계시는 주님으로 인하여 사함을 받게 해 달라는 뜻이다.

왜 이 기도가 필요한가? 그것은 바로 항상 하나님과 온전한 관계가 됨으로써 하나님 보시기에는 의롭다 함을 이루기 위함이고, 성령 하나님께서 성전이신 우리 안에 충만하게 거하시도록 하기 위함이다(고전 6:19,20). 그 결과 그분의 통치가 우리 안에 이루어지도록, 즉 "나라가 임하시오며"를 실제적으로 이루기 위함이다(엡 4:23). 용서와 회개는 우리로 하여금 하늘에 계신 아버지께서 거룩히 여김을 받도록 하고, 주의 뜻을 이 땅에 이루기 위한 영광의 통로를 여는 유일한 길이다.

1. 다른 사람의 죄를 용서하지 않으면 내 죄를 용서받지 못한다는 것이 무슨 뜻인가? 자녀의 관계가 끊어진다는 것인가?

2. 우리는 하나님의 자녀임에도 불구하고 왜 매일 죄를 짓게 되는가?

3. 내 육신이 짓는 죄는 어떻게 사함 받을 수 있는가?

4. 우리가 매일 다른 사람의 죄를 용서하고, 내 죄를 사함 받게 되면 어떤 일이 일어나는가?

13 우리를 시험에 들게 하지 마시옵고 다만 악에서 구하시옵소서

왜 이렇게 기도해야 하나?

이 마지막 기도는 현재적 하나님나라에서 주의 뜻을 이루며 사는 삶이 단지 눈에 보이는 대상뿐만 아니라 눈에 보이지 않는 대상과의 영적 전쟁이라는 것을 우리에게 분명히 알려주고 있다. 우리는 흔히 영적 존재를 무시하고 단지 현실적 관점에서만 신앙생활을 한다. 그러나 예수님께서는 주기도문을 통해서 우리 일상의 삶은 영적 전쟁이라는 것과 이 전쟁에서 이기기 위해서는 어떻게 해야 하는지를 가르쳐주신다.

"우리를 시험에 들게 하지 마시옵고"를 헬라어로 직역하면 "우리로 하여금 마귀의 시험에 빠지는 것을 허락하지 마소서"이며, "다만 악에서 구하시옵소서"는 "도리어 우리를 그 악으로부터 구원하소서"

가 된다. 여기에서 '도리어'는 앞서 나온 내용과 대조를 이루거나 수사적인 점층을 나타내는 접속사이다. 따라서 본문은 시험에 들지 않도록 해주실 뿐만 아니라, 더 나아가 악(마귀)에서 구함 받도록 해 달라는 뜻이다.

주기도문의 마지막인 이 구절을 읽게 되면 잘 나가다가 맥이 빠지는 기분이 든다. 왜냐하면 이 구절을 읽으면 너무나 수동적이고 소극적인 기도처럼 느껴지기 때문이다. 생각해보라. '시험을 이기게 하시옵고' 또는 '모든 시험이 사라지게 하시옵고'가 아니라 "시험에 들게 하지 마시옵고"이고, 또한 '악에서 승리하게 하시옵소서'가 아니라 "다만 악에서 구하시옵소서"라고 가르치고 있기 때문이다. 그러나 우리가 우리의 정체성과 영적 전쟁의 비밀을 알고 나면, 이 기도문의 내용은 결코 그런 뜻이 아니라 현재적 하나님나라에서 가장 강력한 기도라는 것을 알게 될 것이다.

우리가 이렇게 기도해야 하는 이유는 두 가지로 생각해 볼 수 있다. 첫 번째는 우리는 이미 예수 그리스도 안에 새로운 피조물이 되어 본질적으로 죄를 지을 수 없는 존재이지만, 현실적으로 육신은 늘 욕심에 이끌려 시험을 당하고 죄를 짓는다는 것이다. 이것이 현재적 하나님나라에서 우리의 속성이다. 두 번째로 마귀는 예수 그리스도께서 재림하시기 전까지 여전히 이 세상에서 공중권세 잡은 자로서, 우리를 도둑질하고 죽이기 위해서 끝까지 포기하지 않고 틈을 노리고 있다. 그런 의미에서 현재적 하나님나라에서는 시험이 사라지게 할 수 없으며 악의 공격을 완전히 제거할 수도 없다. 따라서 우리는 날마다 성령의 소욕에 사로잡혀 주께서 주신 권세와 능력으로 이 영적 전쟁에서 승리하도록 해야 한다(갈 5:16,17). 그런 차원에서 "우리를 시험에 들게 하지 마시옵고 다만 악에서 구하시옵소서"라고 말씀하신 것이다.

> … 세상에서는 너희가 환난을 당하나 담대하라 내가 세상을 이기었노라
>
> 요 16:33

'시험에'

시험은 신약에서 다양한 뜻으로 사용되고 있지만, 주의 자녀들이 이 땅에서 주의 뜻을 이루어가고자 할 때 그것을 저지하는 마귀의 핍박과 박해를 가리킨다. 주로 마귀가 시험을 행하는 것과 관련되거나, 또는 예수님 당시의 종교 지도자들이 예수님을 시험하는 것을 우선적으로 생각해 볼 수 있다. 당시의 종교 지도자들이 그렇게 한 것도 결국은 마귀의 계략에 속아 넘어갔기 때문인 것으로 볼 때, 시험이란 마귀들이 가하는 외적인 핍박이나 박해를 가리킨다고 볼 수 있다.

> 무릇 그리스도 예수 안에서 경건하게 살고자 하는 자는 박해를 받으리라
>
> 딤후 3:12

다음으로 시험이라는 것은 인간에게 죄를 짓게 하는 '유혹'이라고 볼 수 있다. 유혹은 외부에서 우리 마음에 던져 넣은 낚싯바늘에 있는 미끼와 같다. 우리 안에 탐욕이 없으면 어떤 유혹이 와도 상관없을 것이다. 그러나 우리 안에 탐욕이 남아 있으면 평상시에는 아무 일 없는 것처럼 지낼지 모르지만, 유혹(미끼)이 드리워지면 탐욕은 발동하게 되고 참을 수 없는 욕망으로 그 미끼를 덥석 물게 되는 것이다.

따라서 시험은 마귀가 외부에서 주는 핍박과 더불어 우리 내부의 마음의 탐욕을 부추기는 유혹이라고 볼 수 있다. 그러므로 '시험을 받는다'는 것은 '마귀의 핍박, 박해, 유혹과 더불어 그러한 것들이 우리 마음에 드리워짐'을 의미한다.

> 사람이 시험을 받을 때에 내가 하나님께 시험을 받는다 하지 말지니 하나님은 악에게 시험을 받지도 아니하시고 친히 아무도 시험하지 아니하시느니라 오직 각 사람이 시험을 받는 것은 자기 욕심에 끌려 미혹됨이니 욕심이 잉태한즉 죄를 낳고 죄가 장성한즉 사망을 낳느니라 약 1:13-15

> 이는 세상에 있는 모든 것이 육신의 정욕과 안목의 정욕과 이생의 자랑이니 다 아버지께로부터 온 것이 아니요 세상으로부터 온 것이라 요일 2:16

우리가 시험을 받을 때 핍박으로 인한 염려와 두려움, 유혹으로 인한 욕심이 죄를 낳게 하고 악(동일한 죄를 계속적으로 짓게 하거나 더 큰 죄를 짓게 하는 마귀)에 묶이게 되고 결국 우리는 영적 죽음으로 몰리게 된다.

시험을 받는 우리는 흔히 두 가지 잘못된 생각을 하게 된다. 첫째는 내가 죄를 지었기 때문에 혹은 하나님의 말씀에 순종하지 않았기 때문에 하나님께서 내게 시험을 주신다고 생각하는 것이다. 그렇지 않다. 하나님께서는 우리를 결코 시험하지 않으신다. 우리가 시험을 받는 것은 자기 내면의 염려와 두려움, 탐욕에 끌려 마귀에게 미혹되었기 때문이다. 둘째는 예수 그리스도를 믿기 때문에 시험이 없기를 원한다는 것이다. 다른 말로 예수님께서 시험을 만나지 않게 해주시거나 시험을 없애주시기를 원한다. 시험이 없다는 것은 마귀의 절대적인 축복을 받고 있거나 아니면 마귀에게 절대적으로 복종할 때뿐이다. 마귀가 살아있는 한(우리가 현재적 하나님나라에 살고 있는 한) 시험이 없을 수는 없다. 이러한 사실은 예수님께서 성령충만함을 받고 광야에 나아가 마귀의 시험을 이기신 후에도 마찬가지였다. 마귀는 예수님께서 십자가에 못 박히실 때까지 예수님을 시험했다.

마귀가 모든 시험을 다 한 후에 얼마 동안 떠나니라 눅 4:13

'우리를 시험에 들게 하지 마시옵고'

우리가 현재적 하나님나라의 삶을 사는 동안 시험이 없을 수는 없다. 그러나 우리가 시험에 들게 되느냐 그렇지 않느냐는 그 시험을 주는 마귀에게만 달려있는 것이 아니라 우리 내면에 있는 염려와 걱정, 두려움과 불안, 욕심과 탐욕에도 달려 있다. 시험이 와도 마음의 부정적이고 탐욕적인 감정이 발동(반응)하지 않으면 아무 문제가 되지 않는다. 시험을 참는 자는 복이 있다. 이것은 일종의 시련이며, 이 시련을 견디면 주님께서 사랑하는 자들에게 약속하신 생명의 면류관을 주신다고 말씀하신다. 결국, 시험에 이기는 것은 우리 마음 안에 있는 부정적이고 악한 감정을 다스리는 것이며, 적은 외부에 있는 것이 아니라 내 안에 있다는 것을 알아야 한다.

> 시험을 참는 자는 복이 있나니 이는 시련을 견디어 낸 자가 주께서 자기를 사랑하는 자들에게 약속하신 생명의 면류관을 얻을 것이기 때문이라 약 1:12

우리가 예수 그리스도 안에서 새로운 피조물이 되었다 할지라도 우리 마음 안에는 여전히 구습이 남아있기 때문에 육체의 소욕을 가지게 된다.

> 육체의 소욕은 성령을 거스르고 성령은 육체를 거스르나니 이 둘이 서로 대적함으로 너희가 원하는 것을 하지 못하게 하려 함이니라 갈 5:17

그것은 육신의 생각(롬 8:6,7)에서 나온다. 그러나 우리가 정말로 그리스도 안에서 새로운 피조물이라는 사실을 체험할 때, 우리는 이러한 육체의 소욕이 자신의 것이라고 생각하지 않고 자신 안에 남아 있는 옛사람의 허물이라는 것을 알게 된다. 따라서 이 육체의 소욕은 십자가에 못 박아야 할 대상이지 (마치 겉사람이 자신인 것으로 착각하고 있기 때문에) 이것을 이기려고 노력해서는 안 된다. 그렇게 되면 우리는 유혹에 사로잡히게 된다. 마귀는 이 점을 잘 알고 있기 때문에 결코 우리를 포기하지 않는다. 따라서 환경, 상황, 처지, 사람들과의 관계, 재정, 과거의 상처 등을 통하여 핍박, 박해, 유혹의 형태로 우리를 시험한다.

다시 한번 강조하지만 "우리를 시험에 들게 하지 마시옵고"라고 할 때 시험을 받는 것은 우리의 마음(거짓자아, 겉사람)이지 우리의 거듭난 자아(속사람)가 아니다. 육체의 일(마음이 자신이라고 믿게 하는 거짓자아에 속아서 행하는)은 겉사람에 대한 것이기 때문에 겉사람이 시험을 이길 수는 없다. "우리를 시험에 들게 하지 마시옵고"의 참뜻은 "우리의 겉사람(육의 생각)이 시험을 이기려고 애쓰지 않게 하시옵고"라고 볼 수 있다.

따라서 우리의 마음에 염려와 걱정, 두려움과 불안, 욕심과 탐욕과 같은 유혹이 올 때 자신의 생각으로 자신의 마음을 통제함으로써 육체의 욕심을 이기려고 애쓰지 말아야 한다. 그러한 노력은 아무 소용이 없다.

이런 것들은 자의적 숭배와 겸손과 몸을 괴롭게 하는 데는 지혜 있는 모양이나 오직 육체 따르는 것을 금하는 데는 조금도 유익이 없느니라 골 2:23

These rules may seem wise because they require strong devotion, pious self-denial, and severe bodily discipline. But they provide no help in conquering a person's evil desires, NLT

우리가 시험에서 승리할 수 있는 유일한 길은 거룩한 본성에 기초한 새로운 피조물인 "그리스도 안에 있는 내(속사람)가" 영으로 몸의 행실을 죽이는 것이다.

너희가 육신대로 살면 반드시 죽을 것이로되 영으로써 몸의 행실을 죽이면 살리니 롬 8:13

몸의 행실을 죽인다는 것은 다른 말로 하면 첫째, 유혹을 받아 마음에 일어나는 육적 생각을 십자가에 못 박는 것이며, 둘째, 속사람(그리스도 안에 있는 새로운 자아)이 자신의 마음을 성령과 말씀으로 채워야 한다는 것이다. 그것이 바로 성령을 따라 행하는 삶이다.

우리 살아 있는 자가 항상 예수를 위하여 죽음에 넘겨짐은 예수의 생명이 또한 우리 죽을 육체에 나타나게 하려 함이라 고후 4:11

내가 이르노니 너희는 성령을 따라 행하라 그리하면 육체의 욕심을 이루지 아니하리라 갈 5:16

그리스도 안에서 새로운 피조물인 우리가 시험을 참을 수 있게 되는 것은, 그리스도안에 거할 때(새로운 자아를 인식할 때) 이미 이겼기 때문이고(요 16:33) 마귀가 우리에게 주는 유혹보다 비교할 수 없을 만큼 놀라운 온갖 은사와 선물을 하나님께서 주시기 때문이다. 그것이 바로 야고보가 우리에게 가르치는 바이다.

> 내 사랑하는 형제들아 속지 말라 온갖 좋은 은사와 온전한 선물이 다 위로부터 빛들의 아버지께로부터 내려오나니 그는 변함도 없으시고 회전하는 그림자도 없으시니라 약 1:16,17

결국 "우리를 시험에 들게 하지 마시옵고"의 뜻은 시험이 오지 않도록 해달라는 기도가 아니다. 시험이 올 때라도 과거처럼 겉사람(육신의 생각)이 마귀의 계략에 넘어가지 않도록 하고 속사람(영의 생각)이 성령의 능력으로 강건하게 되어 주의 마음을 가지게 해달라는 뜻이다. 즉, 성령 안에서 주의 말씀이 우리의 마음에 가득 차게 하여 당하는 시련을 인내하게 함으로써 하나님께 영광을 돌리게 하는 것이다(롬 5:3-5). 따라서 이 기도는 수동적이거나 소극적인 기도가 아니라 예수님께서 하나님의 자녀에게 가르쳐주신 영적 전쟁의 진수이다.

'악(惡)에서'

"다만 악에서 구하시옵소서"에서 '악'은 본래 정관사와 함께 사용되어 '그 악'이 된다. 일반적으로 악은 죄나 악한 행동으로 볼 수도 있고 마귀로 볼 수도 있다. 주기도문에서 악은 마귀를 지칭하는 것으로 보는 것이 보다 합당한 해석이다. 그 이유는 첫째, 이미 앞서 "우리가 우리에게 죄 지은 자를 사하여 준 것같이 우리의 죄를 사하여 주시옵고"에서 이미 자신이 지은 죄나 악한 행동에 대해서 회개했기 때문이며, 둘째, "시험에 들게 하지 마시옵고"에서 시험을 주는 근원이 바로 마귀라는 악한 인격체이기 때문이다. 더욱이 성경의 다른 곳에서도 마귀를 '악한 자'로 여러 번 규정하고 있다(마 13:19, 38 ; 막 4:15 ; 엡 6:16 ; 살후 3:3).

'다만 악에서 구하시옵소서'

이 기도는 시험이 왔을 때 단지 그 시험에 빠져들지 않는 것뿐만 아니라 한 걸음 더 나아가 그 시험을 주는 마귀로부터 자유롭게 해달라는 것이다. 시험은 현실세계에서 우리가 경험하는 실제적인 것이며, 그 뒤를 조정하는 것이 바로 마귀이다. 따라서 예수님께서는 눈에 보이는 갖가지 시험들뿐만 아니라, 뒤에서 그 시험들을 통해서 우리를 멸망시키고자 하는 것이 마귀임을 알고 그 마귀로부터 원천적으로 자유함을 얻게 해달라고 기도하라고 말씀하신다. 그 마귀는 눈에 보이지 않지만, 공중 권세를 잡고 우리 가운데 행하고 우리 혼과 육에서 역사하고 우리로 하여금 세상 풍조를 따르게 하는 장본인이다.

그 때에 너희는 그 가운데서 행하여 이 세상 풍조를 따르고 공중의 권세 잡은 자를 따랐으니 곧 지금 불순종의 아들들 가운데서 역사하는 영이라 엡 2:2

우리의 씨름은 혈과 육을 상대하는 것이 아니요 통치자들과 권세들과 이 어둠의 세상 주관자들과 하늘에 있는 악의 영들을 상대함이라 엡 6:12

우리가 육신으로 행하나 육신에 따라 싸우지 아니하노니 고후 10:3

악에서 구함을 받는 방법은 두 가지이다. 주 안에 거하는 것과 주 안에서 마귀를 대적하는 것이다. 이것은 전쟁용어로 방어와 공격이다.

끝으로 너희가 주 안에서와 그 힘의 능력으로 강건하여지고 마귀의 간계를 능히 대적하기 위하여 하나님의 전신 갑주를 입으라 엡 6:10,11

그런즉 너희는 하나님께 복종할지어다 마귀를 대적하라 그리하면 너희를 피하리라 약 4:7

"우리를 시험에 들게 하지 마시옵고 다만 악에서 구하시옵소서"
"시험에 들게 하지 마시옵고" 뿐만 아니라 "다만 악에서 구하시옵소서"를 가장 잘 나타내주는 이야기가 바로 예수님께서 성령충만함을 받고 성령에 이끌리어 광야에서 마귀에게 시험을 받으실 때의 일이다. 40일간을 굶주리신 상태에서 예수님께서 받으셨던 마귀의 세 가지 시험, 그리고 예수님께서 그 마귀를 대적하셨던 방법을 생각해 보라.

> 그 때에 예수께서 성령에게 이끌리어 마귀에게 시험을 받으러 광야로 가사 사십 일을 밤낮으로 금식하신 후에 주리신지라 시험하는 자가 예수께 나아와서 이르되 네가 만일 하나님의 아들이어든 명하여 이 돌들로 떡덩이가 되게 하라 예수께서 대답하여 이르시되 기록되었으되 사람이 떡으로만 살 것이 아니요 하나님의 입으로부터 나오는 모든 말씀으로 살 것이라 하였느니라 하시니 이에 마귀가 예수를 거룩한 성으로 데려다가 성전 꼭대기에 세우고 이르되 네가 만일 하나님의 아들이어든 뛰어내리라 기록되었으되 그가 너를 위하여 그의 사자들을 명하시리니 그들이 손으로 너를 받들어 발이 돌에 부딪치지 않게 하리로다 하였느니라 예수께서 이르시되 또 기록되었으되 주 너의 하나님을 시험하지 말라 하였느니라 하시니 마귀가 또 그를 데리고 지극히 높은 산으로 가서 천하 만국과 그 영광을 보여 이르되 만일 내게 엎드려 경배하면 이 모든 것을 네게 주리라 이에 예수께서 말씀하시되 사탄아 물러가라 기록되었으되 주 너의 하나님께 경배하고 다만 그를 섬기라 하였느니라 이에 마귀는 예수를 떠나고 천사들이 나아와서 수종드니라 마 4:1-11

예수님께서는 자신의 정체성과 더불어 가장 기본적인 생리적 욕구(굶주림)에 대한 시험을 받으셨을 때(육신의 정욕) 하나님의 자녀는 먹기 위해서가 아니라 주의 말씀을 이루기 위해서 산다고 말씀하심으로, 또한 세상에서의 부귀영화와 경배의 대상이 무엇인가에 대한 시험을 받으셨을 때(안목의 정욕) 하나님을 섬기며 그분을 경배하는 것이 이 세상 삶의 목적이라고 말씀하심으로, 그리고 하나님나라의 권능에 대해서 시험을 받으셨을 때(이생의 자랑) 그것은 마귀의 말에 의해서 이루어지는 것이 아니라 하나님의 주권에 의해서 이루어진다고 말씀하심으로, 모든 시험에 들지 않으셨을 뿐만 아니라 나아가 마귀를 물리치셨다.

우리는 "악에서 구하시옵소서"라는 말을 소극적이고 방어적인 기도라고 생각하면 안 된다. 그렇게 말씀하신 것은 이미 언급한 바와 같이, 우리가 살고 있는 이 시대는 하나님의 통치가 이미 시작된 현재적 하나님나라이지만 아직 우리를 통해서 완전히 통치될 수 없고, 마귀는 여전히 공중권세를 잡고 우는 사자처럼 불신자들뿐만 아니라 그리스도인들을 도둑질하고 죽이기 위해서 돌아다니기 때문이다. 이 기도의 뜻은 현재적 하나님나라에서 하나님의 통치 아래 거하며 예수 그리스도 안에서 주의 말씀과 성령의 능력으로 무장하고 마귀를 대적하라는 말이다. 이제 마귀는 더 이상 우리 안에서 역사하지 못하지만, 우리 주위를 돌면서 우리의 틈을 노리고 있다. 왜냐하면 그들은 우리 마음에 여전히 유혹의 욕심을 따라 썩어져 가는 구습을 따르는 옛 습성이 있음을 알기 때문이다. 그렇기 때문에 우리는 늘 깨어 있어야 하며, 하나님의 영광 안에 거하며, 그분께서 주시는 기름 부으심이 나타나도록 해야 한다. 그리고 하나님이 주신 전신갑주를 입고 싸워야 한다(엡 6:10,11).

> 근신하라 깨어라 너희 대적 마귀가 우는 사자 같이 두루 다니며 삼킬 자를
> 찾나니 너희는 믿음을 굳건하게 하여 그를 대적하라 이는 세상에 있는 너희
> 형제들도 동일한 고난을 당하는 줄을 앎이라 벧전 5:8,9

> 마귀에게 틈을 주지 말라 엡 4:27

또 우리가 시험에 들지 않고 악한 영으로부터 벗어나기 위해서는
육신의 지식이나 능력이 아니라 오직 성령 안에서 우리의 모든 생각
을 예수 그리스도께 복종시켜야 한다고 가르치셨다.

> 우리의 싸우는 무기는 육신에 속한 것이 아니요 오직 어떤 견고한 진도 무너
> 뜨리는 하나님의 능력이라 모든 이론을 무너뜨리며 하나님 아는 것을 대적하
> 여 높아진 것을 다 무너뜨리고 모든 생각을 사로잡아 그리스도에게 복종하게
> 하니 고후 10:4,5

동시에 주 안에서 예수 그리스도의 이름으로 마귀와 악한 영을 대
적하여 쫓아내라고 하셨다.

> 이같이 여러 날을 하는지라 바울이 심히 괴로워하여 돌이켜 그 귀신에게 이
> 르되 예수그리스도의 이름으로 내가 네게 명하노니 그에게서 나오라 하니 귀

신이 즉시 나오니라 행 16:18

많은 사람에게 붙었던 더러운 귀신들이 크게 소리를 지르며 나가고 또 많은 중풍병자와 못 걷는 사람이 나으니 행 8:7

왜냐하면 예수님께서 마귀의 일을 무력화시켰기 때문이다.

통치자들과 권세들을 무력화하여 드러내어 구경거리로 삼으시고 십자가로 그들을 이기셨느니라 골 2:15

그러나 예수님께서도 아직 때가 되지 않았기 때문에 마귀의 능력을 단지 무력화시키기만 하셨지 그 마귀를 멸하지는 않으셨다. 예수님께서 다시 재림하실 때에야 마귀를 옥에 가둘 수 있기 때문이다.

다시 한번 강조하지만 현재적 하나님나라에서는 마귀를 멸하는 것이 우리의 목적이 아니라, 마귀의 본질과 궤계를 깨닫고 이 땅에 주의 뜻을 이루는 것이 우리 삶의 목적이다. 그것이 바로 우리로 하여금 갖가지 시험에 들지 않게 하고, 도리어 그 시험을 주는 마귀로부터 해방시켜 자유케 해달라는 이 기도의 참뜻이다.

내가 비옵는 것은 그들을 세상에서 데려가시기를 위함이 아니요 다만 악(the evil one)에 빠지지 않게 보전하시기를 위함이니이다 요 17:15

하나님의 자녀는 좋든 싫든 알든 모르든 영적 전쟁의 한복판에서 살아가고 있다. 이 영적 전쟁에서 주의 뜻을 이루기 위한 최선의 공격 무기가 "오늘 우리에게 일용할 양식을 주시옵고"라면, 하나님과의 온전한 관계를 유지하기 위한 최고의 보호 무기는 "우리가 우리에게 죄 지은 자를 사하여 준 것같이 우리 죄를 사하여 주시옵고"이고, 주의 통치를 이루기 위한 최선의 방어 무기는 "우리를 시험에 들게 하지 마시옵고 다만 악에서 구하시옵소서"이다. 왜냐하면 이 전쟁의 승리는 마귀에게 달려있는 것이 아니라 우리에게 달려있기 때문이다.

따라서 우리가 매일 주기도문으로 기도하지 않고는 결코 이 영적 전쟁에서 승리할 수 없다는 것을 알아야 한다. 이러한 현재적 하나님나라에서 자녀의 삶을 시적으로 가장 잘 표현한 것은 시편 23편이다. 우리 매일의 삶은 원수의 목전에서 주의 은혜를 누리는 삶이다.

여호와는 나의 목자시니 내게 부족함이 없으리로다 그가 나를 푸른 풀밭에 누이시며 쉴 만한 물 가로 인도하시는도다 내 영혼을 소생시키고 자기 이름을 위하여 의의 길로 인도하시는도다 내가 사망의 음침한 골짜기로 다닐지라도 해를 두려워하지 않을 것은 주께서 나와 함께 하심이라 주의 지팡이와 막대기가 나를 안위하시나이다 주께서 내 원수의 목전에서 내게 상을 차려 주시고 기름을 내 머리에 부으셨으니 내 잔이 넘치나이다 내 평생에 선하심과 인자하심이 반드시 나를 따르리니 내가 여호와의 집에 영원히 살리로다

시 23:1-6

1. 우리의 삶이 영적 전쟁이라는 것이 무슨 뜻인가?

2. 시험은 무엇을 의미하는가?

3. 마귀는 무엇을 통해서 우리를 도둑질하는가?

4. 우리는 어떻게 해야 마귀를 대적할 수 있는가? 전신갑주를 입기 전에 반드시 해야 할 일이 무엇인가를 생각해보라.

5. 당신의 삶에서 시험과 유혹에 약한 부분은 무엇인가? 이제는 어떻게 대처해야 하는가?

chapter

14

(대개) 나라와 권세와
영광이 아버지께
영원히 있사옵나이다

주기도문의 마지막 송영 부분인 이 구절을 한글 개역성경에서는 괄호 안에 넣었다. 이는 많은 성경 번역자들과 주석학자들은 본문이 예수님께서 직접 가르쳐주신 기도가 아니라 기도나 찬미가 끝난 후에 송영을 부르는 유대인의 관습에 따라 후대에 추가된 것으로 보기 때문이다. 그러나 그에 반하여 이 부분을 매우 중요시하는 입장도 있다. 왜냐하면 기도를 마친 후에 그 기도를 받으실 하나님에 대한 신앙 고백은 필수적이라고 보기 때문이다.

지금 우리가 읽고 있는 한글 개역성경에는 없지만 일반적으로 이 구절 앞에 '대개'라는 말을 넣어서 주기도문을 암송하고 있다. '대개'라는 말의 본 뜻은 '왜냐하면(because)'으로 번역될 수 있다. 주기도문의 첫 구절이 "하늘에 계신 우리 아버지여"로 시작되어, 이 모든 기도가 이루어지는 것은 "(왜냐하면) 나라와 권세와 영광이 아버지께 영원히 있기 때문이다"라고 고백하며 마치게 되는 것이다. 주기도문은 예수 그리스도 안에서 우리에게 찾아오신 아버지를 만남으로 시작해서 영원하신 우리 아버지께 영광을 돌려드리는 것으로 마치는 기도이다.

사실 이 구절은 주님께서 가르쳐주신 기도에 대해 우리 전 존재가 반응할 수 있는 최고의 고백이자 찬양이다. 우리를 통해서 이루어질 '나라'는 "하나님의 통치가 이루어지는 나라"이고, '권세'는 "이 땅을 그의 나라로 만드는 권세"이고, '영광'은 "그 나라가 이루어짐으로써 드러나는 영광"이 한순간도 중단됨 없이 "영원히" 아버지께 있다는 우리의 믿음의 선포는 우리가 할 수 있는 최고의 외침이다.

> 여호와께서 그의 보좌를 하늘에 세우시고 그의 왕권으로 만유를 다스리시도다
>
> 시 103:19

> 곧 우리 구주 홀로 하나이신 하나님께 우리 주 예수 그리스도로 말미암아 영광과 위엄과 권력과 권세가 영원 전부터 이제와 영원토록 있을지어다 아멘
>
> 유 1:25

그리고 마침내 "이 고백은 진실하며 나를 통해서 그렇게 되도록 충실히 이행하겠다"는 뜻으로 히브리어 "아멘"으로 마감했다. 이것은 마치 가브리엘 천사가 마리아에게 "대저 하나님의 모든 말씀은

능하지 못하심이 없느니라"라고 했을 때 마리아가 "주의 여종이오니 말씀대로 내게 이루어지이다"라고 고백하는 것과 동일하다.

더욱이 주기도문의 이 마지막 구절은 우리가 현실을 분명하게 그리고 정확하게 인식하게 한다. 우리는 도래한 현재적 하나님나라에서 하나님의 자녀로 그의 나라를 이루어가고 있지만, 동시에 지금도 우리의 삶 가운데 환난과 시험과 고난이 있다. 왜냐하면 이 세상은 여전히 마귀가 통치하는 나라요, 그의 권세가 역사하고 있고, 그의 영광을 드러내고 있기 때문이다. 그럼에도 우리는 이제 이 세상의 나라(통치)와 권세와 영광이 아버지께 영원히 있다고 고백하는 것이다. 그리고 예수님의 "이렇게 기도하라"라는 말씀에 대한 응답으로 "우리는 이 세상에 속해 있지 않으며, 분명히 이 세상과 다르게 살겠으며, 이 땅에 주의 통치가 이루어지도록 하겠습니다"라고 말하는 것이다. 그리고 나아가 현재적 하나님나라에서 우리가 어떤 마음의 태도로 살아야 하겠다는 것을 나타내면서 동시에 주 예수 그리스도의 재림으로 이루어질 완전한 하나님 나라를 믿으며 속히 오기를 청원하는 것이기도 하다.

결과적으로 이 마지막 구절은 우리의 정체성과 삶의 목적이 무엇인지를, 그리고 이 세상의 주인이 누구이며 영원한 경배의 대상이 누구인지를, 마지막으로 무엇을 소망하고 있는지를 확인하고 다짐하는 내용이다.

어렵고 험한 세상에서 바쁜 삶을 살아가면서 우리의 마음이 지치고 흔들릴 때마다 이 마지막 구절을 주님께 올려드림으로써 다시금 내가 지금 선 곳이 포로수용소 안인지 밖인지를 확인하게 되고, 내 자신이 누구인지 왜 사는지 그리고 어떻게 살아야 하는지를 다시 한 번 점검하게 된다.

이 세상도, 그 정욕도 지나가되 오직 하나님의 뜻을 행하는 자는 영원히 거하느니라 요일 2:17

주기도는 주의 뜻을 이루기 위해서 하나님의 대사로서 이 땅에 파견 나온 자녀가

그의 아버지 하나님을 위하여 우리를 나라와 제사장으로 삼으신 그에게 영광과 능력이 세세토록 있기를 원하노라 아멘 계 1:6

하나님의 보좌 앞에서 네 생물과 이십사 장로들이 드리는 경배를 듣고

우리 주 하나님이여 영광과 존귀와 권능을 받으시는 것이 합당하오니 주께서 만물을 지으신지라 만물이 주의 뜻대로 있었고 또 지으심을 받았나이다 하더라 계 4:11

화답하여 다시 하나님께 올려드리는 가장 아름다운 기도이다.

내가 또 들으니 하늘 위에와 땅 위에와 땅 아래와 바다 위에와 또 그 가운데

모든 피조물이 이르되 보좌에 앉으신 이와 어린 양에게 찬송과 존귀와 영광과 권능을 세세토록 돌릴지어다 하니 계 5:13

결론

주기도문은 기도하는 인간이 주체가 된 것이 아니라, 하나님이 주체가 된 기도이다. 다른 말로 우리 존재가 하나님께 무엇을 드리고 응답받는 기도가 아니라, 예수 그리스도 안에 있는 우리를 통해서 주의 뜻을 이루시도록 하는 기도이다. 따라서 주기도문은 겉사람이 하는 기도가 아니라 속사람이 하는 기도이다.

우리는 지금까지 주기도문은 그 당시 구약적 기도와는 완전히 다른 것을 볼 수 있었다. 무엇보다도 단지 하나님의 율법을 지킴으로써 자신의 의로움을 나타내고 하나님의 축복을 바라는 기도가 아니라, 하나님의 자녀로서 이 땅에 주의 뜻을 이루어가겠다는 실제적 믿음을 나타냄과 더불어 완성될 미래적 하나님나라를 소망하며 그때까지 영적 전쟁을 벌이겠다는 의지를 보여주고 있다. 이 기도는 맨 처음에 언급한 바와 같이 예수님께서 아버지께 드리는 기도에 기초를 둔 것이다. 따라서 이 기도는 우리의 책무나 하나님의 명령을 담은 것이 아니라, 예수 그리스도 안에 있는 우리와 하나님 아버지와의 관계를 통하여 주의 뜻을 이루는 것을 담고 있다.

예수님께서 제자들에게 주기도문을 가르쳐주신 이유는 교회 안에서 신앙생활을 잘하도록 하기 위해서가 아니라, 이 땅에 하나님나라를 이루도록 하기 위해서이다. 교회는 하나님나라가 아니다. 교회는 이 세상을 하나님나라로 만드는 전초기지이다. 따라서 교회 없는 하나님나라도 있을 수 없고, 하나님나라 없는 교회도 있을 수 없다. 주기도문은 교회 안에서 드리는 기도라기보다는 오히려 교회 밖, 우리의 가정, 일터, 삶터에서 드리는 기도이다. 그곳에서 킹덤빌더들과 함께 그 장소(영적 장소 및 물리적 장소)에 하나님의 영광이 임하시도록 하며, 자신들을 통하여 하나님의 뜻이 이루어지도록 하는 기도이다.

주기도문의 가장 큰 특징은 각각의 기도가 분리되고 독립되어 있는 것이 아니라 유기적으로 서로 연결되어 있어, 그중 하나의 기도만으로는 온전한 기도로 성립되지 않는다. 다른 말로 주기도문은 서언부터 송영까지 함께해야지 그중 한 가지를 빼버리거나 혹은 단지 한 가지만 하는 기도는 아무 의미가 없다는 것이다.

하나님나라의 복음적 관점에서 주기도문은 한마디로 '이미(already)'의 실현과 확장을, 그리고 '그러나 아직(but not yet)'의 청원을 나타내는 기도이다. 즉, 이미 현재 이 땅에 도래한 현재적 하나님나라에서 주의 말씀을 실현시키는 기도이며, 동시에 아직 시작되지 않은(주의 재림으로부터 이루어질) 미래적 하나님나라에서 주의 뜻이 온전하고 완전하게 이루어지도록 청원하는 기도라는 뜻이다.

지금도 우리와 이 땅은 흑암의 권세 아래 놓여 있기 때문에 예수 그리스도 안에서 하나님의 자녀 된 우리는 이 땅에 임하신 하나님의 통치 아래서, 그분의 뜻을 더 강력하게 이루고 땅 끝까지 하나님나라의 복음을 전해야 한다. 그 결과 예수님이 재림하신 후에 약속하신 미래적 하나님나라에서 영원한 삶을 누리게 될 것이다.

> 그 후에는 마지막이니 그가 모든 통치와 모든 권세와 능력을 멸하시고 나라를 아버지 하나님께 바칠 때라 고전 15:24

> 일곱째 천사가 나팔을 불매 하늘에 큰 음성들이 나서 이르되 세상 나라가 우리 주와 그의 그리스도의 나라가 되어 그가 세세토록 왕 노릇 하시리로다 하니 계 11:15

> 또 내가 새 하늘과 새 땅을 보니 처음 하늘과 처음 땅이 없어졌고 바다도 다시 있지 않더라 계 21:1

> 내가 들으니 보좌에서 큰 음성이 나서 이르되 보라 하나님의 장막이 사람들과 함께 있으매 하나님이 그들과 함께 계시리니 그들은 하나님의 백성이 되고 하나님은 친히 그들과 함께 계셔서 모든 눈물을 그 눈에서 닦아 주시니 다시는 사망이 없고 애통하는 것이나 곡하는 것이나 아픈 것이 다시 있지 아니하리니 처음 것들이 다 지나갔음이러라 계 21:3,4

> 이같이 하면 우리 주 곧 구주 예수 그리스도의 영원한 나라에 들어감을 넉넉히 너희에게 주시리라 벧후 1:11

1. 아직도 마귀들이 영향력을 미치고 있는 현재적 하나님나라에서 우리가 하나님께 드릴 수 있는 최고의 찬양은 무엇인가?

2. 아멘은 무엇을 뜻하는가? 당신은 마음으로 받아들이는 것만을 위해서 "아멘"하는가 아니면 그 말씀이 당신을 통해서 이루어지도록 하기 위해서 "아멘"하는가?

3. 당신은 매일 무엇을 고백하며 살고 있는가? 보고 듣고 느끼는 사실(fact)인가 아니면 진리인가?

3
PART

주기도문의
이 해 와
적   용

chapter

15 주기도문의 신약적 이해

예수님이 가르쳐주신 주기도는 신약에서 어떻게 이해되고 적용되었는가? 그것은 예수님께서 공생애 동안 하신 말씀과 사역 그리고 제자들이 상황과 삶에서 실제로 어떻게 적용했는지를 통해서 알 수 있을 것이다.

그러므로 너희는 이렇게 기도하라 하늘에 계신 우리 아버지여 이름이 거룩히 여김을 받으시오며 나라가 임하시오며 뜻이 하늘에서 이루어진 것같이 땅에서도 이루어지이다 오늘 우리에게 일용할 양식을 주시옵고 우리가 우리에게 죄 지은 자를 사하여 준 것같이 우리 죄를 사하여 주시옵고 우리를 시험에 들게 하지 마시옵고 다만 악에서 구하시옵소서 (나라와 권세와 영광이 아버지께 영원히 있사옵나이다 아멘) 마 6:9-13

예수님께서는 제자들에게 이 기도를 가르쳐주시기 전에도 그 기도 내용처럼 하나님과 교제하셨고, 가르치셨고, 그 기도대로 사셨다. 또한 제자들도 오순절 날을 통하여 하나님나라가 도래한 후 하나님께 주기도문 방식대로 기도만 드린 것이 아니라 그 기도대로 말하고 가르치고 행했다. 우리는 성경을 통하여 주기도문이 예수 그리스도와 제자들의 삶 자체를 농축한 것임을 알게 된다.

오늘날 하나님 자녀의 신앙생활에 주기도문만큼 소중한 것은 없다. 이는 마치 우리의 형질을 발현시키는 DNA와 같은 것이다. 우리 몸을 생각해보라. 매일 상황과 환경에 따라 각기 다른 유전자가 발현되어 각종 세포들이 새롭게 만들어지고 수많은 생리생화학 물질들이 생산되어 끊임없이 변화하며 생장과 발육을 하지만 본래 DNA가 변화되지는 않는다.

이와 마찬가지로 하나님의 자녀인 우리는 매일 다른 상황과 환경에서 살아가지만 이 주기도문을 기초로 하여 적절하게 적용한 기도로 주님과 교제하며 주의 뜻을 이루어나가야 한다. 이제 예수님과 제자들이 주기도문을 어떻게 이해하고 적용하였는지를 살펴봄으로써, 지금까지 습관적으로 해왔던 기도를 다시 확인·조정하고 보다 능동적이고 전략적이고 강력한 기도로 바꾸어가도록 하자.

"하늘에 계신 우리 아버지여"

누구에게, 어디서, 어떻게 예배드려야 하는가?

하늘에 계신 아버지는 누구이신가? 우리가 참 하나님을 제대로 알 때 내가 누구인지를 알고, 그분과 제대로 된 관계를 가질 수 있다. 그러나 우리의 지식이나 경험으로 하나님을 알 수는 없다. 왜냐하면 하나님은 영이시며, 영원히 변치 않는 절대적인 사랑이시기 때문이다.

"하늘에 계신 우리 아버지"라는 기도의 진정한 의미는 예수님께서 사마리아를 지날 때 야곱의 우물가에서 한 여인과 말씀하시는 것에서 볼 수 있다. 그 당시 유대인은 예루살렘에서 예배를 드리지만, 사마리아 이방인들은 그리심산에서 예배를 드렸다. 여인은 그것에 대해서 예수님에게 여쭈어보았다. 놀랍게도 예수님께서는 아직 이루어지지 않았지만 곧 이루어질 세 가지 놀라운 사실을 말씀하셨다. 첫 번째는 여호와 하나님께 예배드리는 것이 아니라 하나님 아버지께 예배드린다는 것이다. 이미 언급한 바와 같이 여호와 하나님이 아니라 하나님 아버지께 예배드린다고 말하는 것은 신성모독이요 가히 혁명적인 일이다. 두 번째는 하나님께서는 유대인이나 헬라인이나 사마리아인이나 상관없이 모두의 아버지가 되신다는 것이다. 자신들만이 선택받은 백성이라고 생각하는 유대인은 이방인의 피가 섞인 사마리아인을 사람으로 취급하지 않았다는 사실을 생각해보라. 세 번째는 어떤 장소나 형식이나 방법이 중요한 것이 아니라 하나님의 자녀들은 영과 진리로 예배드린다는 것이다. 이는 성령님이 우리 안에 계시지 않으면 불가능한 일이다. 예수님께서는 이 일이 곧 이루어진다고 말씀하셨고, 친히 그 일을 이루셨다.

여자가 이르되 주여 내가 보니 선지자로소이다 우리 조상들은 이 산에서 예배하였는데 당신들의 말은 예배할 곳이 예루살렘에 있다 하더이다 예수께서 이르시되 여자여 내 말을 믿으라 이 산에서도 말고 예루살렘에서도 말고 너희가 아버지께 예배할 때가 이르리라 너희는 알지 못하는 것을 예배하고 우리는 아는 것을 예배하노니 이는 구원이 유대인에게서 남이라 아버지께 참되게 예배하는 자들은 영과 진리로 예배할 때가 오나니 곧 이 때라 아버지께서는 자기에게 이렇게 예배하는 자들을 찾으시느니라 하나님은 영이시니 예배하는 자가 영과 진리로 예배할지니라 요 4:19-24

다시 한번 생각해보라. 하늘에 계신 여호와 하나님께서 아버지가 되신다는 것이다. 유대인과 사마리아인 모두가 한 아버지의 자녀로서 우리가 된다는 것이다. 그리고 하나님 아버지의 이름이 거룩히 여김을 받는 것은 형식이나 장소나 예식에 있는 것이 아니라 성령 안에서 말씀으로 예배드릴 때라는 것이다. 얼마나 놀라운 말씀인가? 당신은 지금 어디에서 누구에게 어떻게 예배드리고 있는가?

하나님 아버지를 통해서 육신의 아버지를 이해하자
많은 경우, 하나님을 아빠 아버지라고 부르지만 그분을 제대로 알지 못하고 경험하지 못했기 때문에 우리는 늘 육신의 아버지를 통해서 하늘에 계신 아버지를 생각하게 된다. 그렇게 될 때 하나님 아버지에 대해서 우리는 밤낮으로 감시하는, 칭찬 대신에 꾸짖기 좋아하는, 늘 최선을 다하도록 훈련시키는, 무심하게 바라보기만 하는 아버지상(像)을 가지게 된다. 이제 우리는 아무 두려움 없이 하나님 아버지께 나아가야 한다. 우리는 구약 때처럼 정한 날에 두려움으로 성소에 들어가는 것이 아니라 예수 그리스도를 통하여 기쁨으로 언제나 주님 앞에 나아가야 한다. 왜냐하면 예수 그리스도로 말미암아 우리가 하나님의 의가 되었기 때문이다.

> 하나님이 죄를 알지도 못하신 이를 우리를 대신하여 죄로 삼으신 것은 우리로 하여금 그 안에서 하나님의 의가 되게 하려 하심이라 고후 5:21

> 그러므로 형제들아 우리가 예수의 피를 힘입어 성소에 들어갈 담력을 얻었나니 히 10:19

예수님께서는 부활하신 후에도 하나님 아버지께서 우리 아버지가 되심을 다시 한번 말씀해주셨다.

> 예수께서 이르시되 나를 붙들지 말라 내가 아직 아버지께로 올라가지 아니하였노라 너는 내 형제들에게 가서 이르되 내가 내 아버지 곧 너희 아버지, 내 하나님 곧 너희 하나님께로 올라간다 하라 하시니 요 20:17

우리가 잘 알고 있는 바와 같이 사도들이 쓴 성경의 모든 서신서는 첫 인사말이 여호와 하나님으로 시작되는 대신에 하나님 아버지와 우리 주 예수 그리스도의 이름으로 시작된다. 신약성경에 '아버지'의 호칭이 263번, '하나님 아버지'라는 호칭은 62번, '하나님 우리 아버지'라는 호칭은 36번이나 나온다는 것을 생각해 보라.

> 하나님 우리 아버지와 주 예수 그리스도로부터 은혜와 평강이 있기를 원하노라 찬송하리로다 그는 우리 주 예수 그리스도의 하나님이시요 자비의 아버지시요 모든 위로의 하나님이시며 고후 1:2,3

이제 우리가 예수 그리스도 안에서 새롭게 태어났다면 아버지의 태생적인 사랑을 체험하고 아버지로부터 배워야 한다. 우리가 과거 육신의 부모와 세상에서 배운 것(죄)을 없애버리는 데 시간을 투자하는 대신에 아버지가 주시는 것(의)을 익히고 배우는 데 모든 시간과 노력을 들여야 한다. 그리고 성령과 말씀을 통해서 계시되는 참 하나님 아버지를 날마다 더 알아가야 하고, 그 하나님 아버지를 통해서 육신의 아버지를 새롭게 보아야 한다. 그래야만 주의 뜻이 우리 자신과 우리 가정에 이루어지게 된다. 로얄 킹덤 패밀리(royal kingdom family)의 삶을 살자. 하늘에 계신 진정한 아버지를 통해서 당신 육신의 아버지를 보면 어떤 생각이 드는가?

너희는 하나님으로부터 나서 그리스도 예수 안에 있고 예수는 하나님으

로부터 나와서 우리에게 지혜와 의로움과 거룩함과 구원함이 되셨으니
고전 1:30

보라 아버지께서 어떠한 사랑을 우리에게 베푸사 하나님의 자녀라 일컬음을 받게 하셨는가. 우리가 그러하도다 그러므로 세상이 우리를 알지 못함은 그를 알지 못함이라 요일 3:1

세상에서의 '우리'와 하나님나라에서의 '우리'의 차이를 알아야 한다

예수님께서 가르쳐주신 주기도문은 타락한 이 세상을 회복시키는 우주적 관점인데, 우리는 하나님을 나의 아버지, 내 가족의 아버지, 우리 교회의 아버지, 우리나라의 아버지로 여전히 왜곡된 아버지를 섬기고 있다. 이것은 바로 하나님의 관점에서 주기도문을 보지 않고 타락한 인간의 관점에서 하나님을 바라보기 때문이다.

부모가 자식을 사랑하는 것을 생각해보라. 나의 부모님이고, 그분은 이 세상에 사랑할 사람이 나 하나밖에 없는 것처럼 사랑하시지만, 다른 자식들에게 미치는 사랑에도 차이가 없다. 열 손가락 중 어느 손가락을 깨물어도 아프기는 마찬가지인 것처럼 말이다. 지금까지 우리는 나의 입장에서 아버지와의 관계만을 생각해 왔지만, 이제는 아버지의 입장에서 나를 생각해보아야 한다. 그리고 더 나아가 아버지의 입장에서 그의 가족, 즉 우리를 생각하는 관점을 가져야 한다. 또한 나와 내 가족의 처지와 상황에서 벗어나 아버지의 나라와 의에 관심을 가져야 한다.

타락한 인간들이 자신들의 욕심을 채우기 위해서 혈연, 지연, 학연에 기초하여 '우리'라는 이름으로 뭉쳐져 있으며, '우리'에 의존하는 삶을 살고 있다. 실제로 '우리'가 '어떤 우리'에 소속되어 있는가에 따라 삶의 질과 신분이 결정된다. 그렇기 때문에 우리는 더 나은 '우리'에 소속되기 위해서 모든 것을 희생하기도 한다. 그러나 이러한 '우리'는 인간이 만든 폐쇄적 집단이기주의적 개념이며, 각자의 자율성이 보장되지 않거나 손해를 볼 때는 언제든지 분열과 다툼, 비난과 정죄로 '우리'가 깨어지기도 한다.

예수님께서는 인간사회에서 가장 질기며 끊으려야 끊을 수 없는 혈연관계의 '우리'를 넘어서 하나님 안에서 새로운 가족, 새로운 공동체로 하나님나라에서 '우리'의 정의를 새롭게 하셨다. 한번은 예수님께서 말씀하실 때 주위의 사람들이 예수님의 육신의 어머니와 형제가 왔음을 알렸다. 그때 예수님께서는 상상할 수 없는 말씀을 하셨다.

> 손을 내밀어 제자들을 가리켜 이르시되 나의 어머니와 나의 동생들을 보라 누구든지 하늘에 계신 내 아버지의 뜻대로 하는 자가 내 형제요 자매요 어머니이니라 하시더라 마 12:49,50

모든 인류는 예수 그리스도 안에서 다시 한 아버지의 자녀들, 즉 한 가족이 되는 것이다. 이 관계 회복을 하신 예수님께서는 하나님을 "우리 아버지"라고 부르라 하신 것이다. 나라와 민족과 언어뿐만 아니라 혈연, 지연, 학연을 초월하여 예수 그리스도 안에서 우리가 한 가족이라는 것을 실제로 체험케 하시는 분이 바로 성령 하나님이시다.

> 성령이 친히 우리의 영과 더불어 우리가 하나님의 자녀인 것을 증언하시나니
> 롬 8:16

예수님께서 새 언약에서 가장 중요한 한 가지 계명을 "곧 내가 너희를 사랑한 것같이 너희도 서로 사랑하라 하는 이것이니라(요 15:12)"라고 말씀하셨다. 서로 사랑해야 하는 이유는 바로 우리가 하나님의 한 가족이기 때문이다. 그래서 우리는 서로를 형제자매라고 호칭하는 것이다. 예수님께서 우리를 사랑한다는 것은 주의 생명을 우리에게 주심으로 가능한 것처럼, 우리도 서로 사랑한다는 것은 서로 안에 있는 하나님의 생명을 나누는 것이다.

사실 한글 주기도문에는 우리라는 말이 여섯 번 나오지만, 실제 헬라어 성경에는 우리라는 말이 아홉 번이나 나온다. "오늘 우리에게 (우리의) 일용할 양식을 주시옵고", "우리 죄를 (우리에게) 사하여 주시옵소서", "다만 (우리를) 악에서 구하시옵소서". 그만큼 중요하다는 의미이기도 하다. 만약 주기도문에서 우리라는 말의 의미를 희석시킨다면 그것은 분명히 마귀의 짓이다. 지금도 마귀가 여전히 우리를 속이고 있는 가장 큰 책략은 그리스도인들에게 하나님을 '우리' 아버지 대신에 '나'의 아버지가 되게 하는 것과, 그래서 하나님의 생명인 사랑을 서로 나누지 못하게 하는 것이다. 지금까지 당신은 하

나님 아버지와 다른 사람을 어떻게 생각해 왔는가? 성경에서 지체의식(고전 12:12-31)이란 무엇일까?

"이름이 거룩히 여김을 받으시오며"

하나님이 거룩히 여김을 받는 것과 영광을 받으시는 것은 다른 것인가?

거룩히 여김을 받는 것은 '영광을 받으시게 된다' 혹은 '영화롭게 한다'는 것과 같은 의미를 지니고 있다. 이러한 예는 구약에서도 볼 수 있고(사 24:15, 29:22-24 ; 겔 36:20-23), 신약에서도 볼 수 있다. 예를 들어,

> 아버지여, 아버지의 이름을 영광스럽게 하옵소서 하시니 이에 하늘에서 소리가 나서 이르되 내가 이미 영광스럽게 하였고 또다시 영광스럽게 하리라 하시니 요 12:28

이 구절은 주기도문의 "거룩히 여김을 받으시오며"를 "영광스럽게 하옵소서"로 바꾼 것 외에는 동일한 뜻이다. 이 말씀은 예수님께서 이 땅에서 하나님의 이름으로 나타내심으로써, 즉 그분의 실체(기사와 표적 그리고 하나님의 통치 등)를 나타냄으로써, 아버지의 이름을 영광스럽게 하였을 뿐만 아니라 온 인류를 구원하시기 위해서 이제 지실 십자가 사건과 부활을 통해서도 하나님 아버지의 이름을 영광

스럽게 하실 것이라는 뜻이다. 이러한 사실은 요한복음 17장 1-5절을 통하여 더 구체적으로 명확하게 알 수 있다.

> 예수께서 이 말씀을 하시고 눈을 들어 하늘을 우러러 이르시되 아버지여 때가 이르렀사오니 아들을 영화롭게 하사 아들로 아버지를 영화롭게 하게 하옵소서 아버지께서 아들에게 주신 모든 사람에게 영생을 주게 하시려고 만민을 다스리는 권세를 아들에게 주셨음이로소이다 영생은 곧 유일하신 참 하나님과 그가 보내신 자 예수 그리스도를 아는 것이니이다 아버지께서 내게 하라고 주신 일을 내가 이루어 아버지를 이 세상에서 영화롭게 하였사오니 아버지여 창세 전에 내가 아버지와 함께 가졌던 영화로써 지금도 아버지와 함께 나를 영화롭게 하옵소서 요 17:1-5

결국 하나님께서는 예수 그리스도로 하여금 십자가를 통해 모든 인류의 죄를 담당하게 하심으로 아버지를 영화롭게 하였다. 그 사건은 단순과거로 일회적이지만 그 결과는 예수 그리스도께서 부활하셔서 우리 안에 계심으로 재림 때까지 우리를 통해서 계속되어야 하는 종말론적 사건이다. 즉 예수님께서는 우리로 하여금 영생을 얻게 하시고, 우리 안에 계심으로 우리가 하나님의 의가 되어 주의 뜻을 이루게 하심으로써, 하나님 자신의 이름이 거룩히 여김을 받도록 하셨다. 예수 그리스도께서 재림하실 때까지 계속해서 아버지의 이름이 거룩히 여김을 받으시도록(영광을 받으시도록)하는 실증(實證)이 바로 사도행전이다. 지금 당신이 쓰고 있는 사도행전의 29장에는 어떤 내용이 있는가? 없다면 무엇이 문제라고 생각되는가?

"내가 거룩하니 너희도 거룩할지어다"라는 뜻은 무엇인가?

하나님께서는 예수 그리스도를 통하여 인간에게 하나님(하나님의 이름)을 나타내셨고, 인간들이 예수 그리스도 안에서 하나님의 이름을 알기를 원하셨다. 다른 말로 하나님의 생명 안에 거할 때만 비로소 하나님이 누구인지를 알 수 있게 된다는 것이다.

> 너희가 나를 알았더라면 내 아버지도 알았으리로다 이제부터는 너희가 그를 알았고 또 보았느니라 빌립이 이르되 주여 아버지를 우리에게 보여 주옵소서 그리하면 족하겠나이다 예수께서 이르시되 빌립아 내가 이렇게 오래 너희와 함께 있으되 네가 나를 알지 못하느냐 나를 본 자는 아버지를 보았거늘 어찌하여 아버지를 보이라 하느냐 요 14:7-9

하나님께서는 이미 창조하신 모든 실체에 이름을 붙이도록 하셨다. 인간이 타락하기 전에는 그 이름에 대한 물리적인 이해뿐만 아니라 그 실체의 본질을 알 수 있는 영적인 이해까지도 가능했다. 그 말은 각자의 혼적 인식 안에서 이해되는 대로 지각하는 것이 아니라, 그 이름에 포함되어 있는 그 실체의 고유한 정체성, 인격, 형질, 존재 이유 등을 알았다는 것이다. 그러나 타락한 후에는 하나님(창조주)의 관점에서 그 실체(피조물)를 보지 못하기 때문에 그 이름 안에 있는 그 실체의 전부를 제대로 알지 못하게 되었다. 이러한 일은 하나님에 대해서도 마찬가지였다. 그러나 하나님께서는 때가 이르러 예수 그리스도를 통하여 우리를 구속하시고, 하나님의 생명을 주셔서 우리가 영적 자녀가 되게 하시고, 다시 하나님의 이름이 무엇인지를 깨닫고 그분을 거룩히 여기게 하셨다.

> 우리 주 예수 그리스도의 하나님, 영광의 아버지께서 지혜와 계시의 영을 너희에게 주사 하나님을 알게 하시고 엡 1:17

"이름이 거룩히 여김을 받으시오며"에서 누가 하나님의 이름을 거룩히 여길 수 있을까? 바로 하나님의 자녀들이다. 그렇다면 어떻게 해야 하나님의 이름을 거룩히 여길 수 있을까? 우리는 흔히 하나님께 찬양과 경배를 드리고 예배드리는 것이 그분을 거룩히 여기는 것이라고 생각한다. 물론이다. 그것도 하나님을 거룩히 여기는 것이다. 그러나 그것은 우리에게 주어진 시간과 행위의 일부분일 뿐이다. 하나님을 가장 거룩히 여기는 것은 우리의 모든 삶에서 우리가 아니라 우리를 통해서 하나님의 이름이 온전히 드러나도록 하는 것이다. 그래서 하나님께서는 우리에게 이렇게 말씀하신 것이다.

> 기록되었으되 내가 거룩하니 너희도 거룩할지어다 하셨느니라 벧전 1:16

이 말씀은 우리가 하나님처럼 거룩하도록 닮아가야 한다는 것을 말하는 것이 아니다. 그분께서 우리 안에 계시기 때문에 우리가 육신의 삶을 포기하는 만큼 하나님의 거룩한 성품이 우리로부터 더 나타나야 한다는 뜻이다. 따라서 그분이 우리 아버지이신 것을 아는 자를 통하여 하나님 아버지께서 거룩함을 받으시고, 그 결과로 우리를 통하여 그분이 더 나타나심으로 인하여 하나님을 알지 못하는 자도 그분이 바로 하나님이시라는 것을 알게 한다는 뜻이다.

구약에서 주의 백성들에게 거룩하라고 말씀하신 것은 "하나님을 알지 못하는 이방인들과 구별되어"라는 뜻이다. 그러나 새 언약에서는 그 뜻뿐만 아니라 하나님이 하나님 되심을 우리가 온전히 나타내어, 다른 말로 하나님의 성품과 본질과 형상이 우리를 통해서 온전히 더 드러나게 하라는 뜻이다. 그것이 바로 하나님의 이름이 모든 열방에서 거룩히 여김을 받게 되는 것이다.

우리는 지금 주위 사람들에게 그리스도의 편지를 보내고, 시청각 교재로서 살아가고 있다. 즉, 하나님의 이름이 무엇인지를 알려주고 있는 것이다. 따라서 우리는 세상 사람들이 하나님을 모독한다고 생각하기 이전에, 우리가 우리 삶을 통해서 하나님을 모독하고 있지는 않은지 다시 생각해보아야 한다.

> 너희는 우리로 말미암아 나타난 그리스도의 편지니 이는 먹으로 쓴 것이 아니요 오직 살아 계신 하나님의 영으로 쓴 것이며 또 돌판에 쓴 것이 아니요 오직 육의 마음판에 쓴 것이라 고후 3:3

이 세상에서 하나님의 이름이 거룩히 여김을 받도록 하는 것은 우리가 이 세상 사람들과 동일한 사고방식으로 동일한 삶을 살지 않고, 세상에 하나님의 성품과 지혜와 능력이 더 나타나도록 하는 삶을 사는 것이다. 그렇기 때문에 우리가 매일 행하는 일, 만남, 시간, 물질, 건강을 새롭게 정의해야 한다. 단지 나를 위해서 또는 하나님을 위해서가 아니라, 내 안에 계신 하나님께서 하나님 되시도록 하기 위해서 사는 것임을 명심해야 한다. 우리 삶의 모든 영역에서 자기중심성으로부터 벗어나 하나님 중심으로 새롭게 조명해보아야 한다. 그 일이 일어날 때 우리는 새로운 세상을 보고 새로운 삶을 살게 될 것이다. 스스로가 자신의 힘으로 죄를 짓지 않으려 하고, 하나님께서 말씀하시는 일을 행하려 하고, 더 거룩해지려고 하는 모든 노력을 내려놓아야 한다. 오직 예수 그리스도 안에서 "이름이 거룩히 여김을 받으시오며"에 중점을 두어야 한다. 당신 삶에 있어서 믿지 않는 사람들의 삶과 구별되는 것들은 무엇인가? 교회 가는 일, 기도하고 말씀 보는 일 등과 같은 행위적인 일 외에 또 무엇이 있는지 열거해 보라.

"나라가 임하시오며"

하나님 나라와 천국을 어떻게 이해해야 하는가?

우리는 하나님의 나라(kingdom of God)를 흔히 동양적 개념의 천국(혹은 천당)으로 잘못 이해해서, 우리가 죽고 난 다음에 가는, 이 땅이 아닌 하늘 위의 어떤 곳이라는 선입관을 가지고 있다. 그것은 우리가 하나님나라에 대해서 제대로 배워본 적이 없기 때문이다.

사복음서 중 마가, 누가, 요한복음에는 하나님나라(Kingdom of God)가 언급되어 있지만, 마태복음에서는 천국(Kingdom of heaven)과 하나님나라(6:33; 12:28; 19:24; 21:31; 21:43)가 혼용되고 있다. 다음 성경구절이 천국과 하나님나라가 동일한 뜻을 지닌 것을 이해하는 데 실마리가 된다.

> 예수께서 제자들에게 이르시되 내가 진실로 너희에게 이르노니 부자는 천국에 들어가기가 어려우니라 다시 너희에게 말하노니 낙타가 바늘귀로 들어가는 것이 부자가 하나님의 나라에 들어가는 것보다 쉬우니라 하시니
>
> 마 19:23,24

천국은 히브리적인 표현방식인 반면 하나님나라는 헬라적인 표현방식인데, 유대인들에게 왕국복음을 전하기 위해서 마태는 헬라적 표현방식보다는 히브리적 표현방식에 의존했던 것으로 생각된다. 하지만 신학자들의 다양한 의견들 중에는 천국(Kingdom of heaven)이 '땅의 나라들'과 대비되는 '하늘의 나라'로서, 영원 전부터 계신 하나님의 초월적인 통치 영역을 가리킨다는 견해도 있다. 이 주장에 따르면 천국은 이 땅의 시간과 관계없이 존재하는 곳이며, 하나님께서 친히 그분의 보좌 위에 좌정해 계시며 모든 것을 다스리시는 영역이다. 그러므로 천국이 태초부터 영원까지 하나님께서 통치

하시는 하늘나라에 초점을 둔 용어라면, 하나님나라의 개념에는 하나님의 통치와 주권을 나타내는 주된 의미와, 그 통치가 미치는 영역이라는 부차적인 의미가 모두 내포되어 있다고 볼 수도 있다.

그래서 우리가 성경에서 천국과 하나님나라의 단어를 볼 때마다 하나님의 통치(행위) 자체를 나타내는 주된 의미와 그 통치가 시행되는 영역(장소)의 부차적인 의미 모두를 대입하여 묵상해봄으로써 더욱 풍성한 의미를 깨달을 수 있을 것이다. 당신은 지금 하나님나라(혹은 천국)를 시간적 관점에서 생각하는가 아니면 차원적 관점에서 생각하는가?

예수님이 하나님의 아들이시고, 그분이 이 땅에 주의 나라를 이루기 위해서 오셨다는 것을 가장 정확히 먼저 알고 있었던 자는 누구인가?

그 당시에 예수 그리스도가 누구이신지, 그리고 이 땅에 오신 이유가 무엇인지를 알고 있었던 자는 아이러니하지만 종교 지도자도 아니고 제자들도 아니고 오히려 귀신들이었다. 귀신들은 예수님이 누구신지를 알았을 뿐만 아니라 그 예수님이 무엇을 하실 것인지도 알았다. 왜냐하면 악하지만 귀신들도 영적 존재이기 때문이다.

여러 사람에게서 귀신들이 나가며 소리 질러 이르되 당신은 하나님의 아들이니이다 예수께서 꾸짖으사 그들이 말함을 허락하지 아니하시니 이는 자기를 그리스도인 줄 앎이러라 눅 4:41

또 예수께서 건너편 가다라 지방에 가시매 귀신 들린 자 둘이 무덤 사이에서 나와 예수를 만나니 그들은 몹시 사나워 아무도 그 길로 지나갈 수 없을 지경이더라 이에 그들이 소리 질러 이르되 하나님의 아들이여 우리가 당신과 무슨 상관이 있나이까 때가 이르기 전에 우리를 괴롭게 하려고 여기 오셨나이까 하더니 마 8:28,29

회당에 더러운 귀신 들린 사람이 있어 크게 소리 질러 이르되 아 나사렛 예수여 우리가 당신과 무슨 상관이 있나이까 우리를 멸하러 왔나이까 나는 당신이 누구인 줄 아노니 하나님의 거룩한 자니이다 눅 4:33,34

지금도 마찬가지이다. 우리가 영적 존재이며 하나님의 자녀인지도 알지 못한 채 또한 우리가 하나님의 통치 가운데 있음도 알지 못하고 우리의 오감과 이성을 통해서 이해되고 할 수 있는 범위 내에서 열심히 살고 있다. 한편 귀신들과 마귀는 우리가 하나님나라로 침노하지 못하도록 최선을 다해서 우리를 유혹하고, 두려움을 주고, 속이고, 참소하고 있다. 자녀로서 하나님나라의 삶을 살자! 당신은 육적 존재인가 아니면 영적 존재인가? 당신은 매일 아침 하나님나라에서 눈뜨는가 아니면 포로수용소에서 눈뜨는가?

그러므로 너희가 그리스도와 함께 다시 살리심을 받았으면 위의 것을 찾으라 거기는 그리스도께서 하나님 우편에 앉아 계시느니라 위의 것을 생각하고 땅의 것을 생각하지 말라 이는 너희가 죽었고 너희 생명이 그리스도와 함께 하

나님 안에 감추어졌음이라 골 3:1-3

하나님나라의 도래와 성령은 어떤 관계를 가지고 있을까?

예수님께서 공생애 사역을 시작하실 때는 "하나님나라가 가까이 왔으니 회개하고 복음을 믿으라"고 하셨다. 이 말씀은 그때까지는 아직 하나님나라가 우리 모두에게 임하지 않았다는 것이다.

이르시되 때가 찼고 하나님의 나라가 가까이 왔으니 회개하고 복음을 믿으라 하시더라 막 1:15

그러나 예수님께서 다른 곳에서는 하나님나라(하나님의 통치)에 대해서 다음과 같이 선포하셨다.

또 그들에게 이르시되 내가 진실로 너희에게 이르노니 여기 서 있는 사람 중에는 죽기 전에 하나님의 나라가 권능으로 임하는 것을 볼 자들도 있느니라 하시니라 막 9:1

적은 무리여 무서워 말라 너희 아버지께서 그 나라를 너희에게 주시기를 기뻐하시느니라 눅 12:32

그러나 내가 하나님의 성령을 힘입어 귀신을 쫓아내는 것이면 하나님의 나라가 이미 너희에게 임하였느니라 마 12:28

위의 말씀들과 다른 말씀들을 종합하면, 예수님께서 인간의 죄를 사하시기 위해서 죽으시고, 부활 승천하신 후 약속하신 보혜사 성령님을 우리에게 보내주실 때부터 실제로 이 땅에 하나님의 나라가 역사한다는 것이다. 할렐루야!

예수님께서는 십자가에서 돌아가시기 전에, 때가 되면 이 땅에 완전한 하나님의 통치를 이루시기 위해 다시 오실 것이라고 약속하셨다. 그래서 신학자들은 보혜사 성령님의 강림으로부터 시작된 하나님의 통치와 예수 그리스도께서 재림하시는 그 기간을 현재적 하나님나라라고 부르고, 예수님께서 재림하신 후의 기간을 미래적 하나님나라라고 부른다. 성경의 신구약에서 '그날'이라고 표현된 것은 바로 성령님의 강림에 의해서 하나님의 나라가 시작된 현재적 하나님나라 또는 예수님께서 재림하심으로 시작되는 미래적 하나님나라를 말한다.

하나님나라는 오순절 날을 통해서 시작되었지만 실제적인 하나님의 통치는 하나님의 자녀인 우리를 통해서 시작된다. 그래서 예수님께서 하나님의 나라는 우리 안에 있다고 말씀하신 것이다.

바리새인들이 하나님의 나라가 어느 때에 임하나이까 묻거늘 예수께서 대답하여 이르시되 하나님의 나라는 볼 수 있게 임하는 것이 아니요 또 여기 있다 저기 있다고도 못하리니 하나님의 나라는 너희 안에 있느니라

눅 17:20,21

다른 말로 예수 그리스도께서 부활 승천하신 후 약속하신 보혜사 성령님께서 이 땅에 강림하셨지만, 실제적으로 그 하나님의 통치가 이루어지는 것은 성령님께서 우리의 영 안에 내주하시는 것뿐만 아니라 혼과 육을 통치하실 때부터이다. 이것이 바로 하나님의 영으로 인도함을 받는 삶(롬 8:14), 삶의 모든 부분에서 성령의 인도함을 받는 삶(갈 5:25)을 의미한다. 그때부터 하나님의 영광이 우리를 통해서 실제적으로 이 현실세계에 나타나시기 때문이다. 그것은 하나님의 성품만이 아니라 하나님의 지혜와 능력도 포함하고 있다. 인간의 측면에서 볼 때 그것은 하나님께서 선물로 주신 성령의 열매요, 은사요, 기름 부으심이다.

그러나 이 세상은 여전히 흑암의 권세 아래 놓여 있으며 우리가 구원받은 그리스도인이라 할지라도 구습에 따른 육체적 삶이 완전히 사라진 것이 아니기 때문에 오순절 날을 기점으로 하나님의 통치가 이미 시작되었지만, 실제적으로 그 통치가 우리를 통해서 실현되는 것은 다른 문제이다.

예수님께서 우리에게 "나라가 임하시오며"라고 기도하라고 가르쳐주신 이유가 바로 여기에 있다. 하나님나라가 도래하지 않았기 때문이 아니라 이미 도래했지만 우리를 통해서 하나님의 통치가 실제적으로 매일의 삶 가운데서 이루어지도록 기도하라는 말씀이다. 당신은 사도행전에 나오는 것과 같이 성령님이 당신의 혼과 육을 통치하는 성령체험을 했는가? 아직 그런 체험을 하지 못했다면 기도하라.

영적 측면에서 보면 어떤 일이 일어났다는 것인가?

사단은 인간이 죄를 지은 후 이 땅을 지배하는 권세와 능력을 가졌을 뿐만 아니라, 하늘보좌 앞으로 나아가는 합법적인 권리를 얻게 되었다. 사단은 늘 하나님 보좌 앞에서 인간을 참소했으며, 하나님을 괴롭혔다. 한편, 우리는 죄로 인하여 하늘 보좌 앞으로 나아갈 수 없게 되었다.

> 하루는 하나님의 아들들이 와서 여호와 앞에 섰고 사탄도 그들 가운데에 온지라 여호와께서 사탄에게 이르시되 네가 어디서 왔느냐 사탄이 여호와께 대답하여 이르되 땅을 두루 돌아 여기저기 다녀왔나이다 욥 1:6,7

그러나 하나님께서는 당신께서 창조하신 인간 때문에 사단을 어떻게 하실 수가 없었다. 왜냐하면 하나님께서 인간에게 주신 모든 권세와 능력 그리고 하나님 보좌 앞에 나아갈 수 있는 모든 권한을 인간이 고스란히 사단에게 넘겨주었기 때문이다.

마침내 때가 이르러 하나님께서 우리를 다시 자녀 삼으시기 위해서 예수 그리스도를 이 땅에 보내셨을 때 사단은 예수님을 이 땅에 묶어두기 위한 갖가지 전략을 구사했다. 그렇게 해야만 그들이 하나님의 자녀들을 통치할 수 있기 때문이다. 사단은 끝까지 예수님을 시험하였으며, 그의 신성을 사용하도록 직간접적으로 공격했다. 그러나 예수님께서는 하나님의 본체이심에도 불구하고 죽기까지 순종하시고 십자가에서 돌아가심으로써 우리의 모든 죄는 사함을 받았고 동시에 사단의 모든 책략은 무너지게 되었다. 예수 그리스도께서 십자가에 못 박히시고 음부의 권세를 이기시고 하늘에 오르셔서 하나님 우편에 계실 때 하나님께서는 예수 그리스도의 이름에 사단을 포함한 모든 천사, 권세들, 그리고 능력들을 순복하게 하셨다.

> 그는 하늘에 오르사 하나님 우편에 계시니 천사들과 권세와 능력들이 그에게 복종하느니라 벧전 3:22

> 그의 능력이 그리스도 안에서 역사하사 죽은 자들 가운데서 다시 살리시고 하늘에서 자기의 오른편에 앉히사 모든 통치와 권세와 능력과 주권과 이 세상뿐 아니라 오는 세상에 일컫는 모든 이름 위에 뛰어나게 하시고 엡 1:20,21

또한 예수님께서 이 땅의 일을 마치시고 하늘에 오르심으로 인하여 미가엘과 사자들은 사단과 하늘에서 큰 전쟁을 벌였으며, 그 결과 사단은 다시는 하늘에서 저희가 있을 곳을 얻지 못하여 완전히 땅으로 쫓겨났다.

> 큰 용이 내쫓기니 옛 뱀 곧 마귀라고도 하고 사탄이라고도 하며 온 천하를 꾀는 자라 그가 땅으로 내쫓기니 그의 사자들도 그와 함께 내쫓기니라 내가 또 들으니 하늘에 큰 음성이 있어 이르되 이제 우리 하나님의 구원과 능력과

나라와 또 그의 그리스도의 권세가 나타났으니 우리 형제들을 참소하던 자 곧 우리 하나님 앞에서 밤낮 참소하던 자가 쫓겨났고 계 12:9,10

이제 비로소 하늘나라에서 우리 하나님의 구원과 능력과 나라와 또 그리스도의 권세가 이루어진 것이다. 예수님께서는 또한 마귀들을 제어할 권세와 능력을 우리에게 선물로 주셨다. 이 선물이 바로 예수 그리스도의 이름이다. 이제 사단은 더 이상 하나님 보좌 앞으로 나아가지 못하고 단지 이 세상과 공중권세 잡은 자로서 우리를 괴롭힐 뿐이다.

"뜻이 하늘에서 이루어진 것같이"라는 뜻은 예수 그리스도로 인하여 사단이 더 이상 하나님 면전에서 인간을 참소함으로 하나님의 마음을 괴롭히지 못하게 되었다는 것이다. 반대로 하나님의 형상으로 회복된 인간이 하나님나라의 보좌 앞으로 다시 가는 길이 열렸다는 것을 의미하기도 한다.

그러므로 형제들아 우리가 예수의 피를 힘입어 성소에 들어갈 담력을 얻었나니 그 길은 우리를 위하여 휘장 가운데로 열어 놓으신 새로운 살 길이요 휘장은 곧 그의 육체니라 또 하나님의 집 다스리는 큰 제사장이 계시매 우리가 마음에 뿌림을 받아 악한 양심으로부터 벗어나고 몸은 맑은 물로 씻음을 받았으니 참 마음과 온전한 믿음으로 하나님께 나아가자

히 10:19-22

한편으로 "땅에서도 이루어지이다"라는 말은, 예수님께서 하늘로 올리시기 전에 이 땅에서 십자가에 못 박히심으로 정사와 권세를 벗어버려 밝히 드러내시고 십자가로 승리하셨다(골 2:15)는 것이고, 그 결과로 하나님의 자녀에게 본래 하나님으로부터 받았던 이 땅을 다스릴 권세와 능력을 되찾아주심으로 우리를 통해서 지속적으로 하나님나라가 이루어질 것이라는 의미이다.

그래서 예수님께서는 제자들에게 "내가 진실로 진실로 너희에게 이르노니 나를 믿는 자는 내가 하는 일을 그도 할 것이요 또한 그보다 큰 일도 하리니 이는 내가 아버지께로 감이라 너희가 내 이름으로 무엇을 구하든지 내가 행하리니 이는 아버지로 하여금 아들로 말미암아 영광을 받으시게 하려 함이라 내 이름으로 무엇이든지 내게 구하면 내가 행하리라(요 14:12-14)"라고 말씀하셨다. 즉 제자들에게 뜻이 하늘에서 이루어진 것같이 땅에서도 이루어질 것이라고 말씀하신 것이다.

하늘로 올리신 예수님께서는 하나님 우편에 앉아 계심과 동시에 우리와 함께하사 이 땅에서 주의 뜻이 이루어지도록 하신다.

제자들이 나가 두루 전파할 새 주께서 함께 역사하사 그 따르는 표적으로 말씀을 확실히 증언하시니라 막 16:20

오직 그리스도는 죄를 위하여 한 영원한 제사를 드리시고 하나님 우편에 앉으사 그 후에 자기 원수들을 자기 발등상이 되게 하실 때까지 기다리시나니

히 10:12,13

There he waits until his enemies are humbled as a footstool under his feet,
Heb 10:13 (NLT)

평강의 하나님께서 속히 사탄을 너희 발 아래에서 상하게 하시리라 우리 주 예수의 은혜가 너희에게 있을지어다 롬 16:20

그러나 위의 성경 말씀을 통하여 원수들이 아직 예수님의 발밑에 완전히 굴복하지 못했다는 것을 알 수 있다. 이 일은 그분이 재림하실 때까지 우리가 해야 할 유업인 것이다. 이것이 바로 예수님께서 재림하시기 전까지인 현재적 하나님의 속성이다.

예수님께서 공생애 사역 동안 행하신 일들이 무엇인가? 바로 하늘에 계신 아버지의 뜻을 이 땅에 이루는 것이었다. 예수님께서 행하신 수많은 기적들을 생각해보라. 그렇다면 그러한 일들이 제자들에게 어떻게 이루어졌는가? 예수님께서는 하나님의 나라가 임하면 더 이상 예수님에게 구하는 것이 아니라 예수 그리스도의 이름으로 아버지께 구하라고 하셨고, 예수님이 행하신 것처럼 행하라고 하셨다.

그 날에는 너희가 아무 것도 내게 묻지 아니하리라 내가 진실로 진실로 너희에게 이르노니 너희가 무엇이든지 아버지께 구하는 것을 내 이름으로 주시리라 지금까지는 너희가 내 이름으로 아무 것도 구하지 아니하였으나 구하라 그리하면 받으리니 너희 기쁨이 충만하리라 요 16:23,24

오순절 날 이후에 이 일이 처음 일어난 것이 바로 베드로가 성전 미문에 앉은 앉은뱅이를 일으킨 사건이다. 주께서 채찍에 맞으심으로 우리가 치유함을 받는 것이 하늘에서 이루어졌다(사 53:5,6 ; 벧전 2:24). 따라서 이제 베드로는 그 일이 이 땅에서도 이루어지도록 한 것이다. 그것은 바로 예수 그리스도 안에서 예수 그리스도의 이름으로 예수님이 말씀하신 것처럼 선포하는 것이었다. 그 결과로 어떤 일이 일어났는지 우리는 잘 알고 있다.

> 베드로가 이르되 은과 금은 내게 없거니와 내게 있는 이것을 네게 주노니 나사렛 예수 그리스도의 이름으로 일어나 걸으라 하고 행 3:6

예수님께서 사단을 이기신 십자가와 부활 사건 이후에도 사단은 여전히 이 세상에서 일하고 있다. 영적 전쟁은 지금도 계속되고 있다. 따라서 그리스도인에게 영적 전쟁은 선택이 아니라 필수이다. 당신 삶에서 예수 그리스도의 이름으로 기적을 일으킨 일이 있는가? 있다면, 그 일을 늘 기억하고, 행하신 예수님을 기념하고 다시 일어날 것을 기대하라. 만약 없다면 사도행전 3장 16절을 다시 묵상해보라.

"오늘 우리에게 일용할 양식을 주시옵고"

성경 말씀을 외우면 꼭 일용할 양식을 먹어야 할 필요는 없지 않은가?

구약에서 하나님께서는 먹을 것이 없어 불평하는 이스라엘 백성들을 40년 동안 매일 저녁에는 메추라기로 아침에는 만나로 먹이셨다. 하나님의 은혜는 지금도 계속된다. 그러나 신약에 와서는 일용할 양식은 구약과 같은 육신을 위한 음식이 아니다. 왜냐하면 육적 존재로 살았던 주의 백성들은 이제 예수 그리스도 안에서 영적 존재로 변했기 때문이다. 우리는 매일 매일 새로운 날에 주시는 영혼의 양식을 먹어야 한다. 왜냐하면 날마다 새로운 날이 전개되기 때문이다. 새 날에 하나님께서는 새로운 말씀을 주셔서 주의 뜻을 이루시기 원하시고, 새로운 영토를 확장하기를 원하시고, 그 땅을 묶고 있던 마귀를 물리치기를 원하신다.

그렇다면 우리가 성경의 말씀을 암기하고 있다면 암기한 만큼 양식을 가지고 있는 것이 아닌가? 그렇지 않다. 만약 그렇게 생각한다면 더 이상 하나님도 하나님과의 관계도 필요 없고 자신의 생각으로 필요한 하나님의 말씀을 기억해내어 적용하며 사는 것이 될 것이다. 그럴 때 자신이 생각해낸 주의 말씀이 진리라 할지라도 그 말씀에는 생명이 없고 능력이 없다. 왜냐하면 그것은 기록된 진리의 말씀을 자신의 기억으로 생각해낸 것뿐이기 때문이다. 그러나 하나님과 생명적인 관계 안에서 하나님께서 필요한 상황에 성령님을 통하여 주신 말씀은 영이고 생명이며 능력이 된다. 우리는 열심히 주의 말씀을 공부하고 암기해야 하지만, 그 말씀이 생명이 되기 위해서는 그날 그날 그분이 나에게 주시는 말씀을 들어야 한다. 그것이 바로 레마(rhema)이다. 우리는 그 레마를 이루는 삶을 살아야 한다. 우리가 자신의 능력이나 소유나 권력, 자신의 머리에 의지하지 않고 주님께 의지하기 위해서 일용할 양식이 필요하다. 하나님께서는 말씀을 통해서 말씀이신 하나님을 만나도록 하기 위해서, 말씀을 통해서 하나님의 마음을 나누기 위해서, 매일 일용할 양식을 주시기를 원하신다. 지금부터 앞으로 지낼 24시간인 오늘을 위해서 당신이 먹은 일용할 양식은 무엇인가?

왜 나의 양식이 아니라 우리의 양식인가?

우리는 한 아버지를 둔 가족이며, 예수 그리스도와 한 형제이다. 또한 우리는 한 성령 안에 지체이며, 그리스도의 몸 된 교회이기도 하다. 주기도문은 우리 아버지에게 드리는 그리고 우리를 위한 기도이지, 나의 아버지에게 드리는 그리고 나만을 혹은 내 교회만을 위한 기도가 아니다.

'우리'의 일용할 양식은 나만이 다른 사람보다 뛰어나게 주의 뜻을 이루게 해달라는 것이 아니다. 각자가 주의 뜻을 이루게 하심으로 그리스도의 몸이 세워지기를 원한다는 뜻이다. 삼위일체 하나님께서 공동체를 이루신 것처럼 우리가 예수 그리스도를 믿고 하나님의 자녀가 될 때 우리는 결코 혼자일 수는 없다. 그분이 하나가 되신 것처럼 우리도 하나가 되어야 한다. 즉 하나님의 가족이 되어야 한다. 이 말은 우리는 자신을 위한 기도뿐만 아니라 하나님 가족 공동체를 위한 기도를 해야 한다는 것이다. 하나님께서 각자에게 주신 양식을 통해서 하나님의 가족이 온전히 세워지도록 해야 한다.

그에게서 온 몸이 각 마디를 통하여 도움을 받음으로 연결되고 결합되어 각 지체의 분량대로 역사하여 그 몸을 자라게 하며 사랑 안에서 스스로 세우느니라 엡 4:16

이것이 바로 우리가 전도하고 선교하는 이유이다. 하나님을 알지 못하고 믿지 못하는 자들에게도 하나님나라에서 자녀의 삶을 살 수 있는 기회를 주어야 하기 때문이다. 당신 가까이에 있는 믿지 않는 사람을 우리로 생각해 양식을 나누어 준 적이 있는가?

"우리가 우리에게 죄 지은 자를 사하여 준 것같이 우리 죄를 사하여 주시옵고"

제자들은 회개와 용서를 어떻게 적용하고 있는가?

하나님의 자녀는 거짓자아에 기초한 육신의 사고체계가 아니라 새 본성에 기초한 영적 사고체계를 가진 새로운 피조물로 살아야 한다. 그러나 실제 삶에서는 여전히 우리의 기억과 잠재의식에 형성된 육적인 사고체계 때문에 매일 죄를 범하며 살아간다. 그러나 하나님께서 우리를 보실 때는 우리 육체의 삶과 태도가 아니라 예수 그리스도 안에 있는 영적 본질을 보신다. 우리는 우리의 본질에 기초하여 육적인 사고체계에서 발생하는 모든 잘못된 생각과 감정, 믿음과 상상, 그리고 그에 따른 태도와 행동 등을 하나씩 제거해야 한다.

이 일을 위해서는 먼저 하나님과의 생명적인 관계를 가지고, 매일 범하는 죄로부터 자유함을 얻기 위해서 회개하고 용서해야 한다. 예수님께서 주기도문에서 용서에 대해서 가르쳐주신 것에 대해서 사도들은 다음과 같이 적용했다.

서로 친절하게 하며 불쌍히 여기며 서로 용서하기를 하나님이 그리스도 안에서 너희를 용서하심과 같이 하라 엡 4:32

우리가 예수 그리스도 안에 있을 때 우리의 새롭게 된 자아(속사람)는 본질적으로 죄를 지을 수 없는 존재이지만, 실제 삶 속에서 우리의 육신은 언제든지 죄를 지을 수 있다는 것이며, 그럴 때마다 예수 그리스도 안에 있는 속사람이(요일 3:9) 겉사람이(요일 1:8,9) 지은 죄를 회개하면 하나님께서 우리의 죄를 용서하신다고 가르쳤다.

하나님께로부터 난 자마다 죄를 짓지 아니하나니 이는 하나님의 씨가 그의 속에 거함이요 그도 범죄하지 못하는 것은 하나님께로부터 났음이라
요일 3:9

만일 우리가 죄가 없다고 말하면 스스로 속이고 또 진리가 우리 속에 있지 아니할 것이요 만일 우리가 우리 죄를 자백하면 그는 미쁘시고 의로우사 우리 죄를 사하시며 우리를 모든 불의에서 깨끗하게 하실 것이요
요일 1:8,9

"우리가 우리에게 죄 지은 자를 사하여 준 것같이 우리 죄를 사하여 주시옵고"는 본질적으로 이 세상에 속하지 않은 하나님의 자녀(그리스도 안에 있는 나)가 현실적으로 이 세상에서 살아가는 데 있어 가장 중요한 '회개와 용서'에 대해서 가르치신 것이다. 왜 회개와 용서가 필요한가? 한마디로 그렇게 해야만 주기도문의 전반부 기도를 이룰 수 있기 때문이다.

> … 하늘에 계신 우리 아버지여 이름이 거룩히 여김을 받으시오며 나라가 임하시오며 뜻이 하늘에서 이루어진 것같이 땅에서도 이루어지이다 마 6:9,10

하나님께서는 우리를 자녀로 부르시고, 이 땅에 주의 뜻을 이루시기를 원하셨다. 그 일을 이루기 위해서 우리는 예수 그리스도 안에서 날마다 아버지 앞으로 나아가야 하며, 그분이 주시는 먹을 양식을 받아야 하며, 그리고 그 말씀이 하늘에서 이루어진 것같이 이 땅에서 이루어지도록 해야 한다. 그런 삶을 살기 위해서는 우리의 마음이 하나님 영광의 통로(하나님의 의)가 되어야 하고, 예수 그리스도 안에서 회개와 용서만이 그 일을 가능케 한다.

우리는 현재적 하나님나라에서 새로운 피조물이 되었는데도 여전히 세상적 사고방식에서 벗어나지 못하여 마귀의 속임을 당하고, 그 결과 하나님과 온전한 관계를 가지지 못하고, 주의 뜻을 이루는 삶을 살지 못하고 있다. 예를 들어, 우리의 행동과 태도에 따라 하나님의 마음이 변하신다고 생각한다. 즉 우리가 최선을 다하지 않거나,

죄를 짓거나, 나쁜 생각을 하게 되면 하나님께서는 우리의 행동과 태도를 보시고 기뻐하시지 않거나 참고 계시거나 외면하신다고 생각한다. 그리고 우리 또한 하나님 앞에 나갈 면목이 없고 사랑받지 못한다고 생각한다.

이 세상의 거짓 사고방식이 아니라 하나님나라의 사고방식으로 생각을 바꾸어야 한다. 만약 하나님께서 우리의 행동과 태도를 보시고 우리와 관계를 맺으신다면 우리는 이미 죽어도 수없이 죽어야 했고, 하나님은 영원히 우리를 보시기를 원치 않으실 것이다. 하나님께서는 우리의 행동과 태도를 보시고 우리와 관계하시는 것이 아니라, 예수 그리스도를 통해서 우리를 보신다. 예수 그리스도께서는 우리의 원죄를 사하셨을 뿐만 아니라 지금도 우리의 죄를 사하시고 중보하심으로, 하나님께서 예수 그리스도를 통해서 우리를 보시게 하신다. 우리가 예수 그리스도 안에서 다른 사람의 죄를 용서해주고, 내 육신의 죄를 날마다 회개하는 삶을 사는 동안 그분의 영광 안에서, 그분이 주시는 기름 부으심으로, 이 땅에 주의 뜻을 이룰 수 있다. 당신은 오늘 몇 번이나 회개하고 용서해주었는가?

한 가지 더 언급해야 할 것은, 주기도문은 내 죄를 사해달라는 것이 아니라 우리의 죄를 사해달라는 것이다. 우리는 이 구절에서 분명히 우리의 죄를 사해달라고 읽지만, 그 적용은 자신의 죄를 사해달라는 것으로 받아들인다. 그만큼 우리가 자기중심적이고 개인주의적으로 말씀을 적용하고 있다. 다시 한번 생각해보라. 주기도문은 나를 위한 기도가 아니라 주의 뜻을 이루기 위해 주님께서 우리에게 가르쳐주신 기도이다. "우리 죄를 사하여 주시옵고"라는 것은 하나 되지 못하는 우리 죄를 말하는 것이며, 주의 지체로서 온전히 각자의 위치에 서지 못하는 죄를 의미한다. 즉, 자신의 탐욕을 채우고 서로가 높은 자리를 차지하고자 하는 우리의 죄를 사하여달라는 것이다. 또한, 인류의 역사에서 일어난 전쟁을 생각해보라. 이 세상에 하나님의 통치가 임하기 위해서는 개인의 죄와 더불어 우리의 죄(예를 들면 가족, 직장, 나라의 죄)를 회개하고 다른 사람들이 저지른 죄를 용서해야 한다. 당신은 가족, 교회, 나라를 위해 회개하고 용서하고 있는가?

도대체 몇 번을 용서해야 하는가?

용서는 내 자신이 주체가 되어 참아주는 것이나 이해하는 것이 아니다. 만약 당신이 여전히 겉사람으로 산다면 당신은 매번 참아야 하고 인내해야 하고 다른 사람을 이해해주어야 한다. 만약 당신이 그렇게 산다면 필경 당신은 스트레스와 질병으로 늘 고통 받거나 오래 살지 못하게 될 것이다. 그러나 당신의 마음이 자신이 아니라는 사실을 안다면, 용서할 때마다 예수 그리스도의 참 능력이 당신으로부터 나타난다는 것을 경험하게 될 것이다.

그 때에 베드로가 나아와 이르되 주여 형제가 내게 죄를 범하면 몇 번이나 용서하여 주리이까 일곱 번까지 하오리이까 예수께서 이르시되 네게 이르노니 일곱 번뿐 아니라 일곱 번을 일흔 번까지라도 할지니라 마 18:21,22

용서와 사랑은 동전의 양면과 같다. 하나님께서 우리를 사랑하시는 것처럼 우리도 다른 사람을 사랑해야 한다는 말을 생각해보자. 우리는 사랑하라는 말씀을 들을 때 마치 그것이 우리의 책임이나 의무인 것처럼 생각해서 의지적으로 사랑해야 한다는 뜻으로 받아들인다. 하나님나라에서 하나님께서 우리에게 주신 계명은 인간의 측면에서 우리가 지켜야 할 계명이 아니라 이루어야 할 약속이다. 그렇다면 사랑하라는 것을 어떻게 이해해야 하는가? 하나님이 사랑이시다. 하나님께서 우리를 사랑하신 징표가 무엇인가? 우리의 죄를 용서하시고 하나님의 생명을 우리에게 주셨다. 그 생명이 바로 사랑이다. 따라서 우리가 서로 사랑한다는 것은 주님께서 우리에게 하신 것처럼 다른 사람의 죄를 용서함으로 그 사람에게 주의 생명이 흘러들어가게 한다는 뜻이다. 그것이 바로 서로 사랑하라는 뜻이다.

따라서 용서는 상대방을 이해하거나 봐 주는 것이 아니라 상대방에 대한 인간적인 판단을 모두 하나님께 이양하는 것이다. 또한 상대방을 위한 것이 아니라 바로 우리 자신을 위한 것이다. 용서하지 않으면 마귀의 합법적인 권세 아래 들어가는 것이기 때문이다. 따라서 용서하는 것은 하나님과의 관계가 끊어지지 않도록 함과 동시에 하나님의 사랑이 흘러가도록 하기 위함이다.

따라서 몇 번을 용서해주어야 하는가에 대한 베드로의 질문은 두 가지 측면에서 올바른 질문이 아니다. 첫 번째는 용서의 주체가 내가 아니라 하나님이어야 함에도 불구하고, 베드로는 내가 형제를 몇 번이나 용서해주어야 합니까 라고 질문했다. 두 번째는 용서의 본질은 하나님과의 관계가 끊어지지 않고 하나님의 사랑이 넘치도록 하는 데 있다. 따라서 용서의 횟수는 무제한이어야 함에도 불구하고 몇 번이나 내가 참아야 하느냐고 질문했다. 당신은 상대방의 용서 측면보다 하나님과의 관계 측면을 더 중하게 여겨본 적이 있는가?

마태복음 6장 14,15절과 마태복음 18장 23-35절의 해석은?

이미 언급한 바와 같이 마태복음 6장 14,15절은 주기도문의 "우리가 우리에게 죄 지은 자를 사하여 준 것같이 우리의 죄를 사하여 주시옵고" 내용을 다시 한번 강조한 것이다. 따라서 이 절은 예수님께서 이미 죄 사함을 받은 하나님의 자녀에게 말씀하시는 것이라고 볼 수 있다.

> 너희가 사람의 잘못을 용서하면 너희 하늘 아버지께서도 너희 잘못을 용서하시려니와 너희가 사람의 잘못을 용서하지 아니하면 너희 아버지께서도 너희 잘못을 용서하지 아니하시리라 마 6:14,15

그러나 마태복음 18장 23-35절의 말씀은 주기도문의 전제와는 다른 비유이다. 가장 핵심적인 요지는 본문에 등장하는 일만 달란트 빚진 종이 과연 '이미 구원받은 하나님의 자녀'인가에 대한 것이다.

> 그러므로 천국은 그 종들과 결산하려 하던 어떤 임금과 같으니 결산할 때에 만 달란트 빚진 자 하나를 데려오매 갚을 것이 없는지라 주인이 명하여 그

몸과 아내와 자식들과 모든 소유를 다 팔아 갚게 하라 하니 그 종이 엎드려 절하며 이르되 내게 참으소서 다 갚으리이다 하거늘 그 종의 주인이 불쌍히 여겨 놓아 보내며 그 빚을 탕감하여 주었더니 그 종이 나가서 자기에게 백 데나리온 빚진 동료 한 사람을 만나 붙들어 목을 잡고 이르되 빚을 갚으라 하매 그 동료가 엎드려 간구하여 이르되 나에게 참아 주소서 갚으리이다 하되 허락하지 아니하고 이에 가서 그가 빚을 갚도록 옥에 가두거늘 그 동료들이 그것을 보고 몹시 딱하게 여겨 주인에게 가서 그 일을 다 알리니 이에 주인이 그를 불러다가 말하되 악한 종아 네가 빌기에 내가 네 빚을 전부 탕감하여 주었거늘 내가 너를 불쌍히 여김과 같이 너도 네 동료를 불쌍히 여김이 마땅하지 아니하냐 하고 주인이 노하여 그 빚을 다 갚도록 그를 옥졸들에게 넘기니라 너희가 각각 마음으로부터 형제를 용서하지 아니하면 나의 하늘 아버지께서도 너희에게 이와 같이 하시리라 마 18:23-35

주인의 '종'(δοῦλος)이라고 해서 다 구원받은 하나님의 자녀로 볼 수는 없다. 마태복음의 달란트 비유에서도, 한 달란트 맡은 종은 결국 '바깥 어두운 곳'으로 쫓겨나기 때문이다(마 25:30). 또한 마태복음의 천국 비유 장(章)인 13장에는 그물의 비유(13:47-50)가 있다. 각종 물고기를 그물에 모았는데, 그 안에는 좋은 것도 있고 못된 것도 있다. 이 비유의 뜻은 교회는 'corpus mixtum' 곧 구원받은 자들과 그렇지 않은 자들이 공존하고 있다는 것을 의미한다. 따라서 일만 달란트 빚진 종은 교회 공동체 안에 있는 구원받지 못한 자를 의미한다고 볼 수 있다.

내용을 살펴보면, 일만 달란트 빚진 종은 그 빚을 탕감 받자마자 의도적으로 백 데나리온 빚진 동료 종을 찾아가 그의 목을 움켜쥐고 빌려간 돈을 달라고 윽박질렀다. 이것을 볼 때 주인의 은혜는 상상할 수 없을 만큼 컸지만 일만 달란트 빚진 종을 변화시키지는 못했다는 것을 알 수 있으며, 따라서 이 종은 구원받은 하나님의 자녀가 되었다고 볼 수 없다.

복음은 그것을 받아들이는 자에게는 복(福)이지만, 거부하는 자에게는 화(禍)가 된다. 천국 비유 장의 첫 비유인 '씨 뿌리는 자의 비유' 역시 마찬가지이다. 천국 복음이 사람들에게 주어지지만 모든 사람들이 그것에 반응하고 열매 맺는 것은 아니다. 천국복음 또는 은혜의 기회가 주어졌을지라도 그것에 올바르게 반응하지 않는다면 그것은 아무 유익이 되지 않는다. 올바르게 반응하고 열매 맺는 자들에게만 천국 복음과 은혜는 생명의 능력이 될 뿐이다.

이러한 맥락에서 일만 달란트 빚진 종은 하나님의 자녀가 아니라, '그물 안의 못된 것'(13:48)이었다고 보아야 한다. 그렇지 않으면 주기도문의 내용처럼 자녀의 신분을 가진 자가 추후에 다시 그 신분이 박탈되는 것으로 보아야 하는데, 이는 교리적으로 용인하기 어려운 주장이다.

결론적으로 마태복음 6장 14,15절이 '이미 구원받은 자'를 대상으로 하신 말씀이라면, 마태복음 18장 23-35절에서 일만 달란트 빚진 종은 '구원의 기회가 주어진 자'에 대한 비유로 보아야 한다.

회개하고 용서했음에도 불구하고 당신 마음에 여전히 남아 있는

찌꺼기는 어떻게 처리하고 있는가?

"우리를 시험에 들게 하지 마시옵고 다만 악에서 구하시옵소서"

우리가 시험에 들고 마귀에 붙들리면 어떻게 되는가?

만약 그렇게 되면 우리는 구원받은 그리스도인임에도 불구하고, 자녀의 삶을 살지 못하게 된다. 즉 하나님이 이미 베풀어주신 은혜를 누리지도 못하고, 자녀의 유업으로 선한 일을 행하는 삶도 살지 못하게 된다. 물론 교회에 다니고 종교활동은 하지만 공중 권세 잡은 자들의 보호를 받고, 여전히 마음과 육체가 원하는 삶을 살 수밖에 없다.

우리가 시험에 들고 마귀에게 붙들린다는 것은 하나님의 법 밖에서 산다는 것이다. 우리가 예수 그리스도를 믿고 우리 안에 하나님의 영이 거하시는 것과 그 하나님의 영이 우리의 혼과 육을 통치하는 것은 다른 것임을 알아야 한다.

> 만일 너희 속에 하나님의 영이 거하시면 너희가 육신에 있지 아니하고 영에 있나니 누구든지 그리스도의 영이 없으면 그리스도의 사람이 아니라 롬 8:9

> 무릇 하나님의 영으로 인도함을 받는 사람은 곧 하나님의 아들이라 롬 8:14

성령님이 우리 마음의 태도와 생각을 새롭게 하시지 않으면, 자신의 마음이 자기라고 믿게 하는 거짓자아가 여전히 주인이 되어 세상에 묶인 삶을 살 수밖에 없고, 그 세상을 통치하는 마귀의 영향력을 받을 수밖에 없다. 마귀가 시험하고 유혹할 때마다 마귀의 속임에 사로잡힘으로 고난과 환난을 겪게 된다.

그러나 우리가 꼭 알아야 할 사실은 내가 시험에 들고 죄를 짓고 마귀에 사로잡힌다 하더라도 하나님께서는 우리에게 형벌을 주시거나 얼굴을 돌리시지 않는다는 것이다. 흔히 가지는 잘못된 생각은 우리가 하나님께 온전하지 못할 때는 하나님께서 우리를 깨우쳐주시기 위해서 벌을 주신다는 생각이다. 그것은 참으로 하나님 자녀답지 못한 어리석은 생각이다. 우리가 어떻게 하나님의 자녀가 되었는지를 생각해보라. 우리의 공로와 행위로 된 것인가 아니면 우리 안에 계신 예수 그리스도로 인하여 된 것인가? 그렇다면 우리가 죄를 지을 때도 시험을 받을 때도 하나님은 그것에 따라 마음이 변하시지 않는다. 하나님 아버지는 예수 그리스도를 통하여 우리와 관계를 맺으신다. 하나님은 우리를 영원히 사랑하시며, 우리는 영원히 하나님의 자녀이다. 우리가 우리의 잘못을 깨닫고 회개할 때 하나님께서는 우리의 죄를 용서하실 뿐만 아니라 더 이상 기억하시지 않는다.

나 곧 나는 나를 위하여 네 허물을 도말하는 자니 네 죄를 기억하지 아니하리라 사 43:25

> 또 그들의 죄와 그들의 불법을 내가 다시 기억하지 아니하리라 하셨으니
>
> 히 10:17

그러나 우리가 분명히 알아야 할 사실은 우리가 죄를 짓거나 시험이나 유혹에 넘어갈 때마다 마귀에게 합법적으로 문을 열어주고 있다는 것이다. 따라서 우리가 환난과 시련을 당하는 것은 하나님이 주시기 때문이 아니라 마귀가 합법적으로 행하는 것이다. 그러나 하나님께서 허락하시는 것은 그것을 통하여 우리가 믿음의 시련을 겪고, 인내를 통하여 더 성숙해지고, 더 이상 마귀에게 이끌리지 않고 하나님의 인도함을 받는 것이 무엇인지를 알게 하기를 원하시기 때문이다. 그리고 우리의 마음을 하나님께 돌림으로 주의 생명과 다시 연결되어 주의 뜻을 이루기를 원하시기 때문이다. 당신의 육신이 죄를 짓고도, "하나님은 내 아버지이시고 나를 사랑하십니다"라고 고백해 본 적이 있는가? 그렇게 고백하고 로마서 6장 1절을 묵상해 보라.

> 그런즉 우리가 무슨 말을 하리요 은혜를 더하게 하려고 죄에 거하겠느냐
>
> 롬 6:1

내 형제들아 너희가 여러 가지 시험을 당하거든 온전히 기쁘게 여기라 이는 너희 믿음의 시련이 인내를 만들어 내는 줄 너희가 앎이라 인내를 온전히 이루라 이는 너희로 온전하고 구비하여 조금도 부족함이 없게 하려 함이라 너희 중에 누구든지 지혜가 부족하거든 모든 사람에게 후히 주시

고 꾸짖지 아니하시는 하나님께 구하라 그리하면 주시리라 약 1:2-5

깨어 기도하지 않으면 영적으로는 어떤 일이 일어나는가?

우리는 살다보면 죄를 지을 수 있고, 마귀에게 속임을 당할 수 있다고 생각한다. 물론이다. 얼마든지 그럴 수 있다. 그러나 계속적으로 그렇게 살 때 단지 현실세계에서 고통과 괴로움을 당하는 것으로 끝나지 않는다. 교회는 다니지만 영적으로는 우리가 주기도문과 정반대로 마귀를 위해서 기도하고 있다는 사실을 알아야 한다. 사실 이것이 정말로 두려운 일이고, 하나님께서 가슴 아파하시는 일이다.

우리는 축복을 받든지 아니면 안 받든지 둘 중의 하나라고 생각한다. 그렇지 않다. 축복 아니면 저주이지 중간지대는 없다. 따라서 우리가 항상 깨어 성령 안에서 기도하지 않으면 자신도 모르는 사이에 하나님 대신에 마귀에게 기도드릴 수밖에 없다. 어떤 기도를 드리는지를 생각해 본 적이 있는가?

"하늘에 계신 우리 아버지여" 대신에

공중권세 잡은 자여(엡 2:2)

당신은 살인한 자요 거짓의 아비니이다(요 8:44)

"이름이 거룩히 여김을 받으시오며" 대신에

하나님의 뭇 별 위에 자리를 높이리라…

지극히 높은 이와 같아지리라(사 14:13,14)

"나라가 임하시오며" 대신에
우리를 흑암의 권세 아래 두시고(골 1:13)

"뜻이 하늘에서 이루어진 것같이 땅에서 이루어지이다" 대신에
이 세상 풍조를 따르고 공중권세 잡은 자를 따르게 하소서(엡 2:2)
마귀 당신이 하나님이 지으신 모든 피조세계를 도둑질하고 죽이고 멸망
시키시옵소서(요 10:10).

"오늘 우리에게 일용할 양식을 주시옵고" 대신에
매일 무엇을 먹을까 입을까 마실까 염려하게 하시옵고(마 6:31)
날마다 땅의 일을 생각하도록 하시고(빌 3:19)
보물을 이 땅에 더 쌓게 하시옵고(마 6:19)

"우리가 우리에게 죄 지은 자를 사하여 준 것같이 우리 죄를 사하여주시
옵고" 대신에
눈에는 눈으로, 이에는 이로 갚게 하시고(마 5:38)
우리 마음에 쓴뿌리가 자라서 나 자신을 괴롭게 하고 다른 사람도 더럽
게 하시고(히 12:15)
무정하며 원통함을 풀지 않게 하옵소서(딤후 3:3)

"우리를 시험에 들게 하지 마시옵고 다만 악에서 구하시옵소서" 대신에
우리의 마음과 육신이 원하는 대로 살게 하셔서(엡 2:3)

마음이 부패하고 믿음에서 떨어지게 하시고(딤후 3:8)

악함과 음란으로 가득 차게 하시고(마 15:19)

우상을 더 열심히 섬기게 하옵소서(벧전 4:3)

"나라와 권세와 영광이 아버지께 영원히 있사옵나이다 아멘" 대신에

왜냐하면 이 땅에 통치와 권세와 영광이 마귀 당신에게 영원히 있기 때문입니다. 아멘!

우리가 이렇게 기도한다고 생각해보라. 끔찍하지 않은가? 기억하라. 우리가 영적으로 깨어있지 않고 살게 되면, 우리는 부지불식간에 이런 기도를 하며 살게 된다. 당신 하나님과 마지막으로 교제한 것이 언제인가? 지금 당신이 무슨 기도를 드리고 있는지 아는가?

"(대개) 나라와 권세와 영광이 아버지께 영원히 있사옵나이다
아멘"

마지막 송영 부분이 원본에는 없다는데 왜 굳이 해야 하는가?

마태복음 초기 사본에는 발견되지 않지만 복음서가 기록되기 이전부터 초대교회에서 주기도문으로 기도할 때 송영이 사용되었을 가능성이 매우 크다고 보아야 한다. 실제로 유대인이 사용한 기도들에도 송영이 있고, 신약 성경에 수록된 기도문과 고백문도 마지막

이 아멘으로 끝나고 있다. 설령 예수님께서 기도를 가르쳐주실 때 송영이 없었다 할지라도 주기도문으로 하나님 아버지께 기도할 때 마지막 송영은 자녀가 마땅히 하나님께 드려야 하고, 드릴 수 있는 최고의 찬사와 경배이기 때문에 그것을 제외시켜야 할 이유가 없다. 다음 말씀을 통해서 실제로 구약과 신약 모두에서 송영과 같은 기도를 드려왔음을 볼 수 있다. 어려운 일을 겪을 때마다 "이 또한 지나가리라. 왜냐하면 나라와 권세와 영광이 내 아버지께 영원히 있기 때문입니다"라고 선포해 보라.

> 내가 또 밤 환상 중에 보니 인자 같은 이가 하늘 구름을 타고 와서 옛적부터 항상 계신 이에게 나아가 그 앞으로 인도되매 그에게 권세와 영광과 나라를 주고 모든 백성과 나라들과 다른 언어를 말하는 모든 자들이 그를 섬기게 하였으니 그의 권세는 소멸되지 아니하는 영원한 권세요 그의 나라는 멸망하지 아니할 것이니라 단 7:13,14

> 나라와 권세와 온 천하 나라들의 위세가 지극히 높으신 이의 거룩한 백성에게 붙인 바 되리니 그의 나라는 영원한 나라이라 모든 권세 있는 자들이 다 그를 섬기며 복종하리라 단 7:27

> 그의 아버지 하나님을 위하여 우리를 나라와 제사장으로 삼으신 그에게 영광과 능력이 세세토록 있기를 원하노라 아멘 계 1:6

우리 주 하나님이여 영광과 존귀와 권능을 받으시는 것이 합당하오니 주께서 만물을 지으신지라 만물이 주의 뜻대로 있었고 또 지으심을 받았나이다 하더라 계 4:11

결론

우리는 지금까지 현재적 하나님나라의 관점에서 주기도문을 새롭게 이해해 보았다. 이미 하나님나라가 임했기 때문에 뜻이 하늘에서 이루어진 것같이 이 땅에 이루어지도록 하기 위해서 하나님 아버지께서는 지금도 주님을 향한 자녀를 찾으시고, 그에게 권세와 능력을 주어 그 일을 행하도록 하신다.

너희 안에서 행하시는 이는 하나님이시니 자기의 기쁘신 뜻을 위하여 너희에게 소원을 두고 행하게 하시나니 빌 2:13

그러나 잘 알다시피 지금 우리는 '이미 그러나 아직'이라는 종말론적 유보라는 현재적 하나님나라에 살고 있다. 하나님 자녀들이 주기도문의 전반부를 이 땅에서 이루기 위해서는 후반부의 기도가 이루어지는 것이 절대적으로 필요하다. 즉, 주기도문의 후반부에서 기도한 것처럼, 오늘 일용할 양식인 주의 생명의 말씀이 필요하며, 회개와 용서를 통해 우리 자신이 성결해야 하며, 시험에 들지 않고 악으로부터 보호를 받음으로 세상에 묶이지 않아야 한다.

현실적으로 이러한 삶은 힘들고 고통스러울 수 있다. 때로는 시험과 유혹으로 죄를 지을 수 있고, 마귀의 앞잡이 노릇을 할 수도 있다. 그럼에도 불구하고 우리는 성령과 말씀으로 다시 육신의 소욕에서 벗어나 예수 그리스도의 이름으로 주의 유업을 이루어가야 한다. 우리가 이 전쟁을 두려워하지 않고 소망을 가지는 이유는 이미 승리한 전쟁을 하기 때문이다.

> 이것을 너희에게 이르는 것은 너희로 내 안에서 평안을 누리게 하려 함이라 세상에서는 너희가 환난을 당하나 담대하라 내가 세상을 이기었노라
> 요 16:33

> 자녀들아 너희는 하나님께 속하였고 또 그들을 이기었나니 이는 너희 안에 계신 이가 세상에 있는 자보다 크심이라 요일 4:4

> 무릇 하나님께로부터 난 자마다 세상을 이기느니라 세상을 이기는 승리는 이것이니 우리의 믿음이니라 예수께서 하나님의 아들이심을 믿는 자가 아니면 세상을 이기는 자가 누구냐 요일 5:4,5

> 너희 염려를 다 주께 맡기라 이는 그가 너희를 돌보심이라 근신하라 깨어라 너희 대적 마귀가 우는 사자 같이 두루 다니며 삼킬 자를 찾나니 너희는 믿음을 굳건하게 하여 그를 대적하라 이는 세상에 있는 너희 형제들도 동일한 고난을 당하는 줄을 앎이라 모든 은혜의 하나님 곧 그리스도 안에서 너희를

부르사 자기의 영원한 영광에 들어가게 하신 이가 잠깐 고난을 당한 너희를 친히 온전하게 하시며 굳건하게 하시며 강하게 하시며 터를 견고하게 하시리라 권능이 세세무궁하도록 그에게 있을지어다 아멘 벧전 5:7-11

지금은 말세이며, 가면 갈수록 성경에 예언된 말씀들이 실제로 일어날 것이다. 따라서 우리는 항상 깨어 있어야 하며, 시대를 분별할 줄 알아야 한다.

하나님을 부정하는 거짓 선지자들이 판을 칠 때라도

그러나 백성 가운데 또한 거짓 선지자들이 일어났었나니 이와 같이 너희 중에도 거짓 선생들이 있으리라 그들은 멸망하게 할 이단을 가만히 끌어들여 자기들을 사신 주를 부인하고 임박한 멸망을 스스로 취하는 자들이라

벧후 2:1

하나님이 다시 통치하셔야 할 이 세상에서 조롱하는 자들이 비웃을 때라도

먼저 이것을 알지니 말세에 조롱하는 자들이 와서 자기의 정욕을 따라 행하며 조롱하여 이르되 주께서 강림하신다는 약속이 어디 있느냐 조상들이 잔후로부터 만물이 처음 창조될 때와 같이 그냥 있다 하니 벧후 3:3,4

많은 사람들이 세상의 흐름을 좇을 때라도

좁은 문으로 들어가라 멸망으로 인도하는 문은 크고 그 길이 넓어 그리로 들어가는 자가 많고 생명으로 인도하는 문은 좁고 길이 협착하여 찾는 자가 적음이라 마 7:13,14

많은 사람들이 우상숭배할지라도

썩어지지 아니하는 하나님의 영광을 썩어질 사람과 새와 짐승과 기어다니는 동물 모양의 우상으로 바꾸었느니라 롬 1:23

많은 사람들이 배교할지라도

누가 어떻게 하여도 너희가 미혹되지 말라 먼저 배교하는 일이 있고 저 불법의 사람 곧 멸망의 아들이 나타나기 전에는 그 날이 이르지 아니하리니 살후 2:3

우리가 매일 주기도문처럼 기도해야 한다. 그럴 때 킹덤빌더의 삶을 살 수 있다.

16 주기도문에 기초한 실제적 기도

지금까지 우리는 주기도문의 전반에 대해서 알아보았다. 이제 매일 주기도문으로 기도할 뿐만 아니라 우리 각자의 상황에 따라 주기도문을 활용하여 기도하는 법을 배워보자. 그 일을 위해서는 주기도문을 일상 신앙생활의 관점으로 분해하고 재구성시키는 일이 필요하다. 먼저 그 일을 위하여 주기도의 속성, 실제적 의미, 그리고 적용을 위한 세 가지 관점에 대해서 알아보자.

주기도의 속성

주기도는 필요할 때만 드리는 기도가 아니라 매일 드리는 기도이다. 주기도는 그의 나라와 의를 구하기 위해서 드리는 기도이다. 하나님의 자녀가 이 땅에 주의 뜻을 이루기 위해서 드리는 기도이다. 주기도는 나의 하루가 아니라 하나님의 하루를 위해서 드리는 기도이다.

주기도문의 실제적 의미

주기도문의 올바른 해석도 중요하지만 우리 매일의 삶에서 주기도문을 어떻게 적용하고 기도하는가는 훨씬 더 중요하다. 이것을 위해서는 왜 주기도문과 같은 기도가 필요한지를 하나님나라의 관점에서 정확히 알아야 한다. 그럴 때 비로소 매일 주의 뜻을 이루고 주를 영화롭게 하기 위한 기도줄을 찾을 수 있기 때문이다.

하나님께서 천지만물을 지으시고
인간을 창조하시고 자녀 삼아 주셨으며
이 땅에 자녀를 통하여
하나님의 통치가 임하도록 하셨다.

그러나 자유의지를 가진 인간은
마귀의 속임으로 인하여 하나님을 거역했다.

그 결과로 인간은 마귀의 자녀로서
이 세상에 속해서 마귀의 유업을 이어오게 되었다.

세상은 흑암의 권세 아래 있게 되었고
인간은 공중권세 잡은 자 아래에서
자신의 마음과 육신이 원하는 대로 살며,
질병과 죽음, 분열과 전쟁, 가난과 파멸 등
갖가지 환난과 고통을 겪게 되었다.

하나님께서는 인류 역사를 통하여
끊임없이 인간을 다시 자녀로 삼으시고
그들을 통하여 모든 피조세계가
하나님의 영광 가운데 거하기를 원하셨다.

하나님은 구약에서도
아브라함을 통해서 믿음으로
모세를 통해서 율법으로
이스라엘 민족을 통해서 왕권으로
하나님의 나라와 의를 이루기 원하셨다.

누구도 하나님의 뜻에 순종하지 못하였고
온전한 삶을 살지 못했기 때문에
하나님께서는 구약의 제사를 통하여
이스라엘 백성들의 죄를 사하여 주셨다.
그럼에도 불구하고 그들은 행위보상적인 신앙생활로

자신의 축복과 형통만을 누리고자 해왔다.

마침내 때가 이르러

하나님께서는 아들이신 예수님을

이 땅에 보내서서 하나님의 통치를 선포하셨다.

그리고 예수님께서는

자신이 바로 예언된 메시아이시며

하나님의 아들이심을 믿는 자마다

죄사함을 받고 구원을 얻으며

하나님의 자녀로서

영생을 누리게 된다고 말씀하셨다.

그리고 모든 인간으로 하여금

하나님나라로 들어가

하나님의 자녀가 되도록 하기 위해서

먼저 우리 죄를 사하기 위해서

십자가에 죽으시고 부활 승천하신 후

약속하신 보혜사 성령님을 우리에게 보내주셨다.

그리고 그 예수 그리스도를 믿음으로

중생하여 구원받은 자들에게

예수 그리스도 안에서 하나님의 자녀로

하나님 아버지와 새로운 관계를 가지며

본래 우리를 창조하신 뜻대로

살 수 있도록 하기 위해서

우리에게 "너희는 이렇게 기도하라"고 가르쳐 주셨다.

주기도문의 삼차원

주기도문을 각자의 상황에 맞게 적용하기 위해서는 기도의 대상, 청원과 실현을 위한 기도, 기도의 내용을 삼차원적으로 엮어서 기도해야 한다.

기도의 대상

우리는 주기도문에 기초하여 기도할 때 나와 우리뿐만 아니라 기도에 따라 가족, 교회, 직장, 사회, 세상에까지 확대하여 기도할 줄 알아야 한다. 그리고 신앙적인 측면뿐만 아니라 일하고, 만나고, 시간을 보내고, 물질을 관리하고, 건강을 돌보는 모든 일에 적용할 줄 알아야 한다.

청원과 실현을 위한 기도

우리는 기도할 때 단지 간구하는 것으로 끝내고 말지만, 간구한 것은 얻은 줄로 믿어야 한다. 예를 들어, "주님! … 것을 구하기 위해서 기도합니다" 만약 당신이 이렇게 기도했다면, 또한 "예수 그리스도의 이름으로 명하노니, … 이루어질지어다, 떠나갈지어다, 사라질지어다" 등으로 명령하고, 꾸짖고, 쫓아낼 줄도 알아야 한다. 왜냐하면 예수님께서는 하나님의 자녀들에게 그리스도 안에서 그렇게 하라고 말씀하셨기 때문이다. 이는 오순절 날 이후 베드로가 처음으로 성전 미문에 앉은 앉은뱅이를 일으킨 것과 그 후 사도행전에서 사도들과 주의 자녀들이 행한 수많은 일들을 통해서도 알 수 있다. 또 그렇게 기도했다면 "주님, 감사합니다. 이미 저에게 주신 것을 알고 있습니다. 또한 주님께서 이루신 것을 감사드립니다"라고 고백하고, 믿은 대로 행동해야 한다.

> 그러므로 내가 너희에게 말하노니 무엇이든지 기도하고 구하는 것은 받은 줄로 믿으라 그리하면 너희에게 그대로 되리라 막 11:24

> 너희가 내 안에 거하고 내 말이 너희 안에 거하면 무엇이든지 원하는 대로 구하라 그리하면 이루리라 요 15:7

> 그 날에는 너희가 아무 것도 내게 묻지 아니하리라 내가 진실로 진실로 너희에게 이르노니 너희가 무엇이든지 아버지께 구하는 것을 내 이름으로 주시리라 지금까지는 너희가 내 이름으로 아무 것도 구하지 아니하였으나 구하라 그리하면 받으리니 너희 기쁨이 충만하리라 요 16:23,24

> 그를 향하여 우리가 가진 바 담대함이 이것이니 그의 뜻대로 무엇을 구하면

들으심이라 우리가 무엇이든지 구하는 바를 들으시는 줄을 안즉 우리가 그에게 구한 그것을 얻은 줄을 또한 아느니라 요일 5:14,15

베드로가 이르되 은과 금은 내게 없거니와 내게 있는 이것을 네게 주노니 나사렛 예수 그리스도의 이름으로 일어나 걸으라 하고 행 3:6

기도의 내용

우리가 일반적으로 교회에서 배우는 대부분의 기도는 주기도문을 기초로 해서 만들어진 것이다. 흔히 기도를 쉽게 하기 위해서 '기도 손'이라는 예화를 많이 쓰고 있다. 예를 들면, 찬양, 감사, 자백, 중보(도고), 간구, 끝마침 순으로, 혹은 하나님을 부름, 감사와 찬양, 고백과 용서와 회개, 필요와 간구, 그리고 예수 그리스도의 이름으로 하는 기도 순이다. 주기도문을 기초로 하여 좀 더 능력 있고 풍성한 기도 내용을 생각하면 다음과 같을 것이다. 앞으로 기도할 때 주기도문의 각 구절을 의미하는 다양한 내용을 가지고 자신의 상황에 맞게 기도문을 작성하고 기도할 수 있도록 해보라.

a) 하나님 아버지를 찾음
"하늘에 계신 우리 아버지여"
- 창조주 하나님에 대해서 : 하늘에 계신 하나님
- 자신의 정체성에 대해서 : 예수 그리스도 안에서 새로운 피조물, 하나님의 자녀

- 하나님과의 새로운 관계에 대해서 : 하나님 아버지, 자녀로서 하나님
  의 가족
- 이 일을 이루신 예수 그리스도에 대해서 : 그리스도의 사랑, 십자가,
  보혈, 구원
관련 말씀: 대상 29:11-13 ; 요 1:12,13 ; 엡 1:17 ; 요일 3:1

b) 찬양
"이름이 거룩히 여김을 받으시오며"
- 주께 영광 돌리는 것에 대해서 : 찬양과 경배받기에 합당하신 분
- 인간 존재 이유에 대해서 : 찬양과 경배 드리는 존재, 하나님을 영화롭
  게 하는 존재
- 삶의 목적에 대해서 : 하나님을 거룩히 여기며(예배), 하나님과 사랑을
  나누며(친교), 하나님의 영광을 드러내는 삶(성화, 주를 나타내는 삶)
관련 말씀: 시 113:2 ; 사 6:2,3, 12:2 ; 합 2:14 ; 요 4:23,24 ; 롬 1:20

c) 감사
"나라가 임하시오며"
- 통치권의 회복에 대해서 : 하나님의 영광이 하나님의 자녀에게 임하게
  하심으로 이 땅에 하나님 통치권의 실제적인 회복
- 성령님의 역사에 대해서 : 성령충만한 삶과 성령님의 다양한 역사(성품
  과 권능)
- 우리 안에 이루어진 나라에 대해서 : 우리의 혼과 육을 내어드림, 성령

의 인도함을 받는 삶

관련 말씀 : 마 12:28 ; 막 9:1 ; 눅 12:32, 17:20,21 ; 롬 8:14, 14:17 ;
고전 6:19,20 ; 고후 4:16 ; 갈 5:24,25 ; 엡 4:22-24 ; 골 1:13

d) 간구 및 실현
"뜻이 하늘에 이루어진 것같이 땅에서도 이루어지이다", "오늘 우리에게
일용할 양식을 주시옵고"
- 영적세계의 회복에 대해서 : 예수 그리스도께서 이루신 구원사역으로
  인하여 영적세계의 법적인 회복
- 현실세계의 변화에 대해서 : 예수 그리스도 안에 있는 자녀를 통하여
  현실세계에서 하나님 통치의 실현
- 믿음과 고백과 선포에 대해서 : 기도한 것은 얻은 줄로 믿어야 함.
- 예수 그리스도의 이름에 대해서 : 주의 뜻을 이루는 기도를 예수 그리
  스도 이름으로 행함.
- 주의 말씀을 주심과 계시에 대해서 : 성령님을 통하여 오늘 우리가 듣
  고 이루어야 할 말씀
- 분별에 대해서 : 하나님의 선하시고 기뻐하시고 온전하신 뜻을 구함.
관련 말씀 : 슥 4:6 ; 마 7:7-12 ; 막 11:22-24 ; 요 6:63, 15:7 ; 롬 12:2 ;
엡 1:6, 1:19 ; 빌 4:19 ; 딤후 2:15 ; 히 4:12,16 ; 약 4:3

e) 용서와 회개
"우리가 우리에게 죄 지은 자를 사하여 준 것같이 우리 죄를 사하여 주

시옵고"

- 성전을 위한 우리의 온전함에 대해서 : 회개와 용서를 통하여 하나님과의 온전한 관계, 나 자신과 다른 사람과의 온전한 관계 회복
- 우리의 죄에 대한 회개와 용서에 대해서 : 가족, 교회, 나라, 세상, 조직, 사회와 문화 등에 대한 기도

관련 말씀 : 사 59:1,2 ; 고전 6:19,20 ; 엡 4:32 ; 골 3:13 ; 요일 1:8-10

f) 보호 및 중보

"우리를 시험에 들게 하지 마시옵고 다만 악에서 구하시옵소서"

- 마귀와 세상으로부터의 자유함에 대해서 : 시련, 유혹, 시험으로부터의 자유, 마귀의 공격으로부터의 자유, 영적 전쟁에서의 승리
- 우리의 죄에 대한 회개와 용서에 대해서 : 가족, 교회, 나라, 세상, 조직, 사회와 문화 등에 대한 기도

관련 말씀 : 고후 10:4,5 ; 엡 4:17-20, 6:12-18 ; 빌 4:6,7 ; 약 1:2-5 ; 벧전 5:7

g) 예수 그리스도의 이름으로 하나님 아버지를 높임

"나라와 권세와 영광이 아버지께 영원히 있사옵나이다"

- 현재적 하나님나라에서 매일의 확신과 고백에 대해서 : 이 모든 일들이 가능한 것은 이 피조세계의 통치와 권세와 영광이 하나님 우리 아버지께 영원히 있기 때문임을 고백하고 선포함. 예수님이 우리를 위해서 행하신 일을 기억하고, 하나님께서 예수 그리스도 안에 있는 우리를 통

해서 행하시는 일들을 기념하고, 몸의 부활을 입은 자녀들이 새 하늘과 새 땅에서 주님과 영원히 함께할 것을 기대해야 함.
- 피조세계를 주님께 돌려드리는 일에 대해서 : 예수 그리스도 안에서 하늘과 땅이 통합되도록 해야 함.

관련 말씀 : 고후 1:20 ; 엡 1:7-10 ; 계 22:20

주기도문에 기초한 구체적 기도의 예

주기도문으로 기도하는 것은 하나님의 자녀가 누릴 수 있는 최고의 축복이다. 자녀로서 예수 그리스도 안에서 아버지를 송축하는 것이며, 아버지께서 행하신 일, 행하고 계시는 일, 앞으로 행하실 일을 선포하는 것이기 때문이다. 또한 백성, 주권, 영토가 아버지께 영원히 있다는 것을 선포하는 것이기 때문이다.

일반적으로 우리가 행하는 기도 순서를 생각해보면 주기도문의 기도 순서와는 다르다. 예를 들어 주기도문의 순서에 따르면 필요와 간구가 회개와 용서보다 앞서지만 우리가 일반적으로 행하는 기도에서는 항상 용서와 회개가 필요와 간구에 선행된다. 왜냐하면 인간적인 관점에서 볼 때 먼저 고백과 용서와 회개가 먼저 이루어져야 비로소 필요와 간구를 하나님 아버지께서 들어주실 것이라는 생각을 가지고 있기 때문이다.

그러나 주기도문은 무언가를 얻어내거나 필요한 것이 있어서 드리는 기도가 아니며 자녀로서 매일 드리는 기도이고, 이 땅에 주의 뜻을 이루는 기도라면 주기도문의 순서에 따라 기도하는 것이 바른 기도이다. 왜냐하면 하나님의 뜻은 우리의 선행(善行)을 조건으로 이루어지는 것이 아니기 때문이다. 그러나 기도 중에 하나님 아버지께서 먼저 회개하고 용서할 일을 생각나게 해주시면 마땅히 그것부터 행하는 것이 좋을 것이다.

일상생활에 일어나는 모든 일들을 다 열거할 수 없고, 또한 동일한 상황이라도 처한 환경이 다 다르기 때문에 획일적인 기도란 있을 수 없다. 아래 세 가지는 단지 어떻게 적용할 수 있는지를 예시한 것뿐이다.

주기도문 기도의 예
| 자녀의 문제

하나님 아버지를 찾음

하늘에 계신 우리 아버지!
우리가 여전히 죄와 죄악 가운데 거할 때
우리 주 예수 그리스도의 죽으심과 부활을 통하여
우리의 모든 죄와 허물을 용서하시고
예수 그리스도 안에서 우리를 다시 자녀 삼아 주신
하나님 아버지께 감사와 찬양과 영광을 올려 드립니다.
아버지! 이 시간, 우리 주 예수 그리스도 안에서

성령님을 통하여 하나님 아버지와

은밀하고 친밀한 교제를 하기 원합니다.

이 온 우주에 찬양

하나님 아버지의 이름만이 높임을 받으시옵소서!

왜냐하면 주님이 창조주이시며, 온 우주를 통치하시며,

섭리하시는 분이기 때문입니다.

저 자신을 통하여, 제 삶을 통하여,

저에게 주신 영역과 역할을 통하여

아버지의 이름이 거룩히 여김 받으시길 원합니다.

예수 그리스도 안에서 아버지께 간절히 구하오니, 감사

성령님을 보내주셔서

저의 혼과 육을 온전히 통치하여 주옵소서!

제 모든 삶의 영역이, 그리고 모든 생각과 감정이

성령님의 통치를 받기를 간절히 원합니다.

언제나 저의 기도를 들으시고, 간구 및 실현

제 삶의 문제가 더 이상 저의 문제가 아닌

- 부모에게 반항하고 있습니다.

하나님의 뜻을 이루는 문제로 변화되게 하시니 감사드립니다.

- 공부를 하지 않고 있습니다.

오늘도 저를 통하여

- 나쁜 친구들과 사귀고 있습니다.

아버지의 뜻이 이 땅에 이루어지기를 소망합니다.

- 돈을 함부로 쓰고 있습니다.

주님, 저는 요즘 (자녀)의 문제로 고통받고 있습니다.

- 식습관이 좋지 않습니다.
- 밤에 늦게 들어오고 있습니다.

(기도 가운데 잠잠히 주님의 감동함을 받아라. 용서와 회개할 일
이 생각나면 먼저 하라)

주님께서는 이 문제를 해결하도록
저에게 말씀을 주셨습니다.
저는 자녀에게 분을 내지 않겠습니다.
주님이 저를 사랑하신 것처럼
제 자녀를 먼저 사랑하겠습니다.
마귀의 사주에 영향을 받지 않도록 하겠습니다.
나사렛 예수 그리스도의 이름으로 명하노니
내 자녀가 (   ) 되었음을 선포하노라.
(성령 안에서 말씀에 따라 상상하고 느끼고 선포하라)

주님!
제 자녀가 다시 하나님의 자녀로 회복되었음을
예수 그리스도의 이름으로 선포합니다.
주님께서 주의 천사를 보내주셔서
제 자녀를 지켜 보호해주심에 감사드립니다.
제 마음에 불안과 염려를 사라지게 하시고,
제 자녀의 상태에 묶이는 것이 아니라
주님을 의지하게 하셔서 감사드립니다.

그동안 제 자녀와의 관계를 뒤돌아봅니다.

저는 본을 보이지 않으면서

제 자녀에게 주의 말씀대로 살 것을

요구하는 영적 학대를 행하였습니다.

제 자녀가 잘못할 때마다 사랑으로 대하기보다는

정죄로 대했습니다.

또한 저에게 대들거나

말을 함부로 하는 자녀를 용서하지 못했습니다.

제 자녀를 용서할 뿐만 아니라 제 자신이 주님 앞에

온전치 못했던 것을 진심으로 회개합니다.

성령님! 이 시간 제 자녀에게 임하여 주셔서

더 이상 더러운 (   ) 일에 영향 받지 않게 하옵소서!

주위 환경의 영향을 받거나 자신의 생각대로가 아니라

어느 곳에서 무엇을 하든지

주님의 영광 안에 거하기를 위해 기도합니다.

제 자녀가 하나님 아버지의 보호하심 가운데

있음을 고백합니다.

하나님 아버지!

제가 드린 기도가 이루어지는 것은 이 땅의 통치와 권세와

영광이 아버지께 영원히 있기 때문입니다.

아버지만이 영광 받으실 분이십니다.

용서와 회개

보호 및 중보

예수 그리스도의 이름으로 하나님 아버지를 높임

저의 기도를 들어주셔서 감사드립니다.

이 기도를 통하여 아버지의 뜻이 이루어졌음을 선포합니다.

예수 그리스도의 이름으로 기도드립니다.

사업상의 문제

하나님 아버지를 찾음

하나님! 저를 자녀 삼아 주시고,

아버지라 부를 수 있게 하신 그 놀라운 섭리에

감사와 찬양을 올려드립니다.

이 시간, 예수 그리스도 안에서 하나님의 의가 되어

주님 앞으로 나아갑니다.

제 안에 오셔서 좌정하시고,

제 마음을 부정함으로써 주를 뵈올 수 있게 하여 주옵소서!

영으로 오신 주님만을 잠잠히 기다립니다.

찬양

하나님 아버지!

우리가 아직 죄인 되었을 때

예수 그리스도를 이 땅에 보내주시고

우리의 모든 죄를 사하시기 위해서 십자가를 지게 하시고

부활 승천하셔서 하늘과 땅, 이 세상과 오는 세상의

모든 영광을 받으시도록 하신 것에 감사드립니다.

오늘 우리 주 예수 그리스도를 통하여
하나님 아버지 앞에 나아가며, 모든 피조세계가
주께 영광 돌리는 데 쓰임받기를 소망합니다.
성령님! 언제나 함께하셔서   감사
요동치는 제 마음의 생각과 태도 그리고 감정을
주의 생명으로 사로잡아주시고
의와 진리의 거룩함으로 지음을 받은
새사람이 되게 하신 것을 감사드립니다.
모든 지각에 뛰어나신 하나님 아버지의 평강이
우리 주 예수 그리스도 안에서
제 마음을 지켜주시니 감사드립니다.
주님! 저에게 이 땅에 주를 나타내기 위하여 주신   간구 및 실현
사업체를 위해서 기도합니다.
하나님의 영광이 저와 사업체와 직원들
그리고 모든 생산품을 만드는 과정 위에
임하기를 위해 기도합니다.
그리하여 모든 것이 인간의 지혜와 노력으로
이루어지는 것이 아니라
하나님의 통치 안에서 이루어지기를 원하며,
이 사업을 통해서 하나님나라가 넓혀지고
주의 백성들이 더 늘어나기를 소망합니다.

- 직원들과의 관계에 문제가 생겼습니다.
- 직원들이 문제를 일으키고 있습니다.
- 자금 회전이 원활하지 않습니다.
- 재정난에 시달리고 있습니다.
- 경쟁업체들이 비정상적인 경영을 하고 있습니다.
- 제품에 하자가 많이 생겨나고 있습니다.
- 수요가 제대로 창출되지 않습니다.
- 대출금 상환으로 압박을 받고 있습니다.
- 원자재를 구하기가 어렵습니다.
- 수익이 나지 않고 있습니다.
- 제품이 판매되지 않고 있습니다.

요즘 새로운 상품 개발이 늦어지고 있습니다.

주님!

이 사업체는 저를 위한 것이 아니라

이 땅에 하나님을 드러내기 위해서

주님께서 저에게 맡기신 것이며,

저는 이 사업체를 통해서

주의 나라가 더 확장되기를 원합니다.

제가 지금 처해 있는 상황이 왜 일어났는지 알고 싶습니다.

지금 상황에서 주님이 저와 회사를 통해서

하시고자 하는 일이 무엇인지를 알기를 원합니다.

어떻게 해야 모든 것이 합력하여

오히려 선을 이룰 수 있는지 알고 싶습니다.

이 난국을 타개하기 위해서

제가 무엇을 어떻게 해야 할지 알고 싶습니다.

주님! 시험을 만나도 온전히 기뻐하라고 하셨습니다.

이번 문제를 제가 해결하는 것이 아니라

주님의 영광 안에서

주의 뜻을 이루는 일로 변화받기를 원합니다.

이번을 기회로 살아 계신 하나님 아버지를 경험하고

다른 모든 사람들도 하나님께

영광을 올려드리는 계기가 되기를 원합니다.

솔로몬과 같은 지혜, 다윗과 같은 담대함,

젖 뗀 아이와 같은 평온함이 필요합니다.

(기도 가운데 잠잠히 주님의 감동함을 받아라. 용서와 회개할 일
이 생각나면 먼저 하라)

저의 마음 깊은 곳을 아시는 주님!

저의 동기에 부끄러움이 없기에

담대히 기도하며 이 문제를 돌파하기 원합니다.

내가 예수 그리스도의 이름으로 명하노니,

이 사업체에서 (   ) 문제들이 사라질지어다.

내가 예수 그리스도의 이름으로

(   ) 문제들이 온전히 해결되었음을 선포하노라.

주님!

용서와 회개

이 사업체에 하나님의 통치와

하나님의 영광이 드러나기 위해서

저와 저의 직원들이 온전히 주님 앞에 서기를 원합니다.

제가 제 욕심으로 품었던 생각과 감정을 회개합니다.

저의 뜻을 거스르고 회사를 제대로 이해하지 못한

사람들을 미워하고 정죄했던 것을 회개합니다.

직원들 각자의 성격과 달란트를 제대로 보지 못하고,

편애했던 것을 회개합니다.

모든 직원이 하나 되기보다

저의 생각대로 움직여지도록 하기 위해

명령하고 조정했던 것을 기억나게 하셔서 감사드립니다.

모든 직원이 자긍심을 가지고 가장 가치 있는 일을

행한다고 생각하게 만들기보다는

돈을 받은 만큼 일하게 한 것을 회개합니다.

모든 직원이 스스로 매일 새롭게 되고 성숙해진다고

느끼게 하기보다는 똑같은 괴로운 일을 행한다고

생각하도록 한 것을 회개합니다.

보호 및 중보 어떻게 하면 이 회사에

하나님의 통치가 이루어질 수 있을까요?

성경공부나 기독교적 활동보다는 사업의 모든 과정이

하나님의 방식으로 이루어지기를 소망합니다.

성령님! 매일 제가 성경공부 하는 것보다 배운 지식을

이 사업체의 전 과정에 적용할 수 있도록 도와주십시오.

매일 한 가지만이라도

세상적인 사고방식과 과정으로 행하지 않고,

하나님나라의 사고방식과 과정으로

변화시키기를 원합니다.

무엇보다도 저의 생각, 태도, 활동을 통하여

그리스도께서 친히 나타나시기를 소망합니다.

직원 한 사람 한 사람의 이름을 부르며 축복합니다.

그들의 삶과 가족 가운데

예수 그리스도의 피를 뿌립니다.

정결케 하시고 주의 생명이 흐르게 하여 주옵소서!

하나님 아버지! 생각하면 할수록 감사가 넘쳐납니다.

저를 통하여, 이 사업체를 통하여,

주의 통치가 이루어지게 하신 것을 감사드립니다.

주께서 귀한 직원을 보내셔서

한 사람 한 사람이 새로운 삶을 경험할 수 있는

기회를 주신 것을 감사드립니다.

저의 사업체를 통하여 직원들이 풍성한 삶이 무엇인지를

경험하게 하신 것을 감사드립니다.

이 회사가 축복을 받는 것은

주님이 항상 주인 되시기 때문입니다.

홀로 영광 받으시옵소서!

예수님의 이름으로 기도드렸습니다.

예수 그리스도의 이름으로 하나님 아버지를 높임

관계의 문제

하나님 아버지를 찾음

하늘에 계신 우리 아버지!

저의 아버지일 뿐만 아니라

우리 아버지가 되심을 감사드립니다.

우리 모두가 예수 그리스도 안에서 하나님의 가족으로

하나 될 수 있게 하신 것을 감사드립니다.

이 시간, 예수 그리스도 안에서 성령님을 통하여

주님 앞에 나아갑니다.

주님의 보좌에서 흐르는 생명수가

제 존재의 깊숙한 곳에서 솟아오르는 것을

느낄 수 있게 하여주옵소서!

그 일을 위해서 제 모든 생각과 감정을 내려놓고

오직 그리스도만이 저의 전부가 되시기를

간절히 소망합니다.

찬양

죽을 수밖에 없고 영원한 형벌 속에 거할 수밖에 없는

저에게 성령님을 보내주셔서

의에 대해서 죄에 대해서 심판에 대해서

알게 하신 것을 감사드립니다.

또한 제 마음과 육신이 원하는 대로 살지 않게 하시고

그리스도 안에서 주를 나타내는 삶이

무엇인지를 알게 하시고

매일매일 성령의 인도함을 받게 하신 것을
무한 감사드립니다.
이 땅에서 육신의 삶이 끝이 아니라
새로운 삶을 위한 준비이고,
이 땅의 삶에서 천국을 알게 하시고
주와 동행하는 삶을 살게 하신 것을
진심으로 감사드립니다.
언제 불러도 두렵지 않게 하시고
제 안에 계신 영원하신 하나님 아버지와
교제하게 하신 것을 감사드립니다.
매일의 삶이 나의 삶이 아니라 주의 삶이 되게 하시고

감사

나의 나라와 의를 구하던 삶에서
하나님 아버지의 나라와 의를 구하는 것이
무엇인지 알게 하시고
나의 하루 삶에서 하나님의 하루 삶으로
변화시켜주신 것을 감사드립니다.
괴롭고 힘들었던 매일 아침 눈을 뜰 때마다
하나님나라에서 성령 안에서 의와 희락과 평강으로
새롭게 시작할 수 있게 하신 것을 감사드립니다.
어제 무엇을 어떻게 했든 다시 새 날을 주셔서
그리스도 안에서 새롭게 시작할 수 있게

하신 것을 감사드립니다.

내 능력과 지혜로 저의 일을 행함으로

늘 수고하고 무거운 짐 진 것 같은 삶에서

하나님의 지혜와 능력으로 주의 뜻을 이루는 삶으로

변화시켜 주신 것을 감사드립니다.

무엇이든지 최선을 다하지 않으면 도태될 수밖에 없다는

행위보상적인 사고방식에서

이미 모든 것을 다 이루신 예수 그리스도 안에서

주의 말씀을 믿음으로 사는 삶이

무엇인지 경험하게 하신 것을 진심으로 감사드립니다.

간구 및 실현

저에게 관계의 문제가 있음을 고백합니다.

- 다른 사람과 지속적으로 잘 지내지 못하고 있습니다.

주님께서는 저를 통하여

주님을 나타내시기 원하시는 것을 잘 알고 있습니다.

- 다른 사람들이 저를 미워하고 험담하는 것처럼 여겨집니다.

그런데도 저는 늘 제 자신을 드러내기에 바빴고,

제 자신을 감추기에 온 힘을 다했습니다.

- 다른 사람들이 저를 거절하는 것 같은 느낌입니다.

주님, 제 자신이 싫습니다.

- 저는 다른 사람에게 관심이 별로 없는 것 같습니다.

정말로 다른 사람이 되고 싶습니다.

- 다른 사람이 저의 생각에 반대하면 분노가 납니다.

저의 가족(친구, 교회 성도, 직장 동료)들과

주 안에서 함께 지어져가기를 원합니다.

- 다른 사람이 잘 되는 것을 보면 시기 질투가 납니다.

저보다 저를 더 잘 아시는 성령님!

- 저는 다른 사람보다 늘 못한 사람처럼 여겨집니다.

이 시간 제 안에 찾아오셔서,

제가 저를 바라보는 것이 아니라
주님이 저를 바라보시는 것이 무엇인지를 보여주옵소서!
제가 제 스스로를 변화시키는 것은
불가능하다는 것을 고백합니다.
주님께서 저의 온 마음을 사로잡으셔서
주의 성품이 드러나게 하옵소서!
(기도 가운데 잠잠히 주님의 감동함을 받아라. 용서와 회개할 일
이 생각나면 먼저 하라)

주님!
제 현실의 삶이 여전히 어렵지만
저의 본질은 예수 그리스도 안에서 새로운 피조물이며
하나님의 의이며, 하나님의 자녀이며,
하나님의 성품을 드러내는 자임을 고백하고 선포합니다.
제 겉사람은 여전히 과거의 구습대로 살고 있지만
이제부터는 속사람으로부터 나오는
하나님 아버지의 성품이 저의 모든 마음과 행동을
사로잡았음을 예수 그리스도의 이름으로 선포합니다.
현실과 상황에 기초하여 제 자신을 판단하는 것이 아니라
하나님께서 주신 본질에 기초하여
제 자신을 인식하겠습니다.

- 저는 다른 사람보다 늘 모든 면에서 나아야 한다고 생각합니다.

- 저는 다른 사람을 칭찬하기보다는 칭찬과 인정을 받아야 편하게 느껴집니다.

- 서로 협력하기보다는 늘 혼자 하는 것이 속이 편합니다.

저에게 예수 그리스도의 성품이 늘 나타납니다.

저는 사랑받기 위해서 태어난 존재가 아니라

하나님의 사랑을 주기 위해서 거듭난 존재임을 선포합니다.

용서와 회개

제 삶을 되돌아봅니다.

저는 어릴 때부터 부모님과의 관계,

형제들과의 관계 속에서 온전치 못했음을 고백합니다.

늘 누구를 미워하고, 누구 때문에 괴로워하고,

누구 때문에 시달리는 삶을 살았습니다.

제 안에 수많은 관계적 상처와 쓴뿌리가 있음을 보게 됩니다.

무엇보다도 주 안에서 자유함을 얻기 위해서

다른 사람을 용서하고 제 자신을 용서합니다.

항상 저는 옳고 다른 사람이 잘못되었다는

생각을 회개합니다.

저 역시 다른 사람이 볼 때 부족하고

온전치 못했음을 시인합니다.

모든 것을 제 기준으로 판단하고

정죄했던 것을 회개합니다.

보호 및 중보

제 스스로 예수 그리스도를 떠나지 않겠습니다.

제가 예수 그리스도를 믿는 것이 아니라

저는 예수 그리스도 안에서만

존재하는 자임을 고백합니다.

죽을 수밖에 없는 육신에

예수 그리스도의 생명이 나타나기를 소망합니다.

점점 더 변해가는 존재가 아니라

새로운 존재가 되었음을 선포합니다.

주님! 그동안 미워하고 정죄했던 제 가족, 친구,

교회 성도, 회사 내 동료들을 축복하기를 원합니다.

그들의 행동을 제 기준으로 판단해서

정죄했던 것을 회개합니다.

그들도 하나님의 자녀이며 자녀가 되어야 할 사람들입니다.

저는 예수 그리스도 안에서

주님이 주신 권세로 그들을 축복합니다.

제가 헤아리는 만큼 헤아림 받는다는 것을

알게 하신 것을 감사드립니다.

제가 축복하고 사랑하는 만큼

그 축복과 사랑이 저에게 온다는 것을

알게 하신 것을 감사드립니다.

주님! 저와 관계된 모든 사람들이

아버지의 영광의 임재 안에 거하기를 위해 기도합니다.

제가 가는 곳이 바로 주님께서 가시는 곳입니다.

제가 관계하는 곳이 바로 주님께서 나타나시는 곳입니다.

늘 저와 함께하시고, 영광으로 임하여 주옵소서!

하나님 아버지! 사랑합니다.

제가 이렇게 자유롭게 평안하게 스스럼없이

주님을 아버지라 부를 수 있다는 것이

얼마나 놀라운 특권인지요.

수많은 사람이 동시대에 동일한 삶을 살지만

자신의 생각으로 사는 삶과는 달리

천지만물을 창조하시고 섭리하시는 하나님을

아버지로 부르며 날마다 주님의 영광 안에 들어가고

주님을 나타내는 삶을 산다는 것이

얼마나 귀하고 아름다운지요!

나라와 권세와 영광이 아버지께 영원히 있사옵니다.

예수님 이름으로 기도드립니다. 아멘!

주님이 가르쳐주신 기도에 기초하여 각자 상황에 맞는 기도문을 작성해서 기도
하는 것은 자녀로서 하나님 아버지께서 가장 기뻐하시는 기도를 드리는 것이다.

주님이 가르쳐주신 기도로
이 땅에 주의 뜻을 이루라

마침내 그토록 소망했던 책을 매듭짓게 되었습니다. 오랫동안 하나님나라의 복음을 선포하고 그에 따르는 표적을 나타내는 사역을 해온 저로서는 이미 발간한 《기도하기 전에》(규장)에 이어 이 주기도문 책의 탈고(脫稿)가 주는 의미가 남다를 수밖에 없습니다.

나의 혁명

2천 년 전 예수님께서 하나님나라의 복음을 선포하시고, 그에 따르는 그 나라의 실재(實在)를 보여주시며, 그날 이후에 우리가 하나님 아버지와 어떤 관계를 가지며, 하나님의 자녀로서 어떻게 유업을 이루어가야 할지를 구체적으로 가르쳐주신 것이 바로 이 주기도이기 때문입니다.

이미 여러 차례 언급한 것처럼 예수님께서는 시간, 공간, 물질을 초월한 하나님나라의 관점에서 우리에게 주기도문을 가르치셨습니다. 따라서 구약적 사고방식이나 세상적 사고방식으로는 이 주기도문을 제대로 이해할 수 없고, 주의 나라와 의를 구하기 위해서 제대로 적용할 수도 없습니다.

그동안 우리는 우리의 정체성을 이 땅에 주의 뜻을 이루어가는 킹덤빌더(kingdom builder) 대신에, 이 땅에 잠시 거하는 이방인(foreigner)과 나그네(nomad)로 규정하였고, 우리 삶의 목표를 이미 도래한 현재적 하나님나라에서의 실현 대신에 죽고 난 다음에 가는 영원한 미래적 하나님나라에서의 완성에 두었습니다.

또한 우리는 하나님께 예배하고 기도하지만, 정작 하나님께는 관심이 없습니다. 단지 하나님께로부터 무엇을 얻어낼 수 있을지에 더 큰 관심을 두었던 것 같습니다. 어린 시절, 아버지가 멀리 다녀오시면 달려 나가 "아빠" 하고 외치지만, 정작 아버지의 사랑의 눈길과 그 품에 우리를 맡기기보다는 아버지의 손에 무엇이 들려 있는지에 더 많은 관심을 보였던 것처럼 말입니다.

더욱이 "하나님의 나라는 말에 있지 아니하고 오직 능력에 있음이라(고전 4:20)"라고 했지만, 우리는 하나님의 능력을 나타내는 것보다는 우리가 할 수 있는 최선을 다하는 삶에 초점을 맞추어 왔음을 부인할 수 없습니다.

저 역시 오랫동안 그러한 사고방식으로 열심히 신앙생활을 해왔습니다. 그러나 주님께서 2005년에 하나님나라의 복음을 선포하라고 말씀하신 후로 제 삶은 변화되기 시작했습니다. 그중 가장 큰 변화는 '주기도문'에 대한 새로운 해석과 적용이었습니다.

무엇보다도 주기도문이 예수 그리스도 안에서 하나님의 자녀가 된 자가 새 언약을 이루기 위해서 드리는 기도라는 것을 발견한 것은, (지금 생각하면 당연한 일 같지만) 그 당시 저에게는 일대 혁명과도 같았습니다. 성령 안에서 하나님나라의 사고방식으로 주기도문을 해석하고 삶에 실제로 적용하는 것은 마치 포로수용소에서 탈출하여 진정한 자유함을 누리는 것과도 같았습니다.

하나님나라는 오직 능력에 있다

이 책은 '이미 그러나 아직(already but not yet)'으로 표현되는 현재적 하나님나라의 이해와 적용에 기초를 두고 집필하였습니다. 안타깝지만 지금의 기독교적 상황에서 볼 때 우리는 '이미'에 있어서도, 그리고 '아직'에 있어서도 왜곡된 해석과 적용을 하고 있다는 생각을 지워버릴 수가 없습니다.

먼저 '이미'에 대해서 언급하자면, 하나님의 자녀인 우리는 '이미' 하나님나라에 들어온 것입니다. 도래한 하나님나라에서 이 땅은 구원을 받은 우리가 이제 성령의 인도하심 아래 그 구원을 이루어나가는 것을 훈련하는 곳입니다.

그런데 주님의 나타나심으로 주의 구원을 이루어가는 대신에 수많은 그리스도인들이 자신들의 수고와 노력으로 최선을 다해 살아갈 뿐, 죽고 나서 가는 천국에서 영생복락을 누리게 되리라 착각하고 있으니 이 얼마나 안타까운 일인지요? 우리는 하나님의 통치 아래 이 땅에서 날마다 구원을 이루어 가야 하며, 그 구원을 완성시키기 위해 다시 오실 예수님을 기다리며 살아가야 합니다.

그러므로 나의 사랑하는 자들아 너희가 나 있을 때뿐 아니라 더욱 지금 나 없을 때에도 항상 복종하여 두렵고 떨림으로 너희 구원을 이루라 빌 2:12

만약 우리가 지금 하나님나라에서 살고 있지 않다면, 하나님께서 우리에게 약속하시는 '이 모든 것'을 현세에서 어떻게 더할 수 있을까요? 만약 구원을 이루어가는 것이 하나님의 영광이 임하신 이 땅에서 일어나지 않는다면 성화된 삶은 어떤 것을 의미하는 것일까요?

하나님의 나라는 말에 있지 아니하고 오직 능력에 있음이라

고전 4:20

우리를 통해 나타나는 하나님의 통치

안타깝게도, 하나님나라의 복음은 사람들의 입에 자주 오르내리지만 하나님의 통치를 실제로 보여주는 것은 희귀한 시대가 되어버렸습니다. '이미'를 제대로 이해한 주의 자녀는 하나님나라는 윤리와 도덕뿐만 아니라 능력에도 있음을 알아야 합니다.

우리는 주기도를 통하여 매일 자신과 자신의 삶터에 하나님나라가 임하였음을 선포해야 하고, 하나님의 지혜와 능력을 실제로 나타내야 합니다. 인간의 한계를 뛰어넘는 하나님의 능력이 나타나지 않은 하나님의 통치란 있을 수 없습니다.

한편 '아직'을 종말론적으로만 보지 않고 우리의 현실에서 실현하기 위해서는 사회운동, 인권운동, 노동운동과 더불어 정

치, 경제, 사회 구조를 바꾸는 실제적인 운동을 해야 한다는 주장이 있기도 합니다. 이를 뒷받침하기 위해서 예수님께서도 권력자보다는 서민과 민중의 편에, 가난한 자의 편에 서셨다고 주장합니다. 사회 구조의 변혁을 통한 하나님나라의 실현 없이는 개인적인 구원도 있을 수 없다고 생각하는 것입니다. 그러나 좀 더 깊이 생각해보면 예수님께서 우리에게 하신 말씀 중에는 그러한 내용을 찾아볼 수 없음을 알게 됩니다.

이는 모든 씨보다 작은 것이로되 자란 후에는 풀보다 커서 나무가 되매 공중의 새들이 와서 그 가지에 깃들이느니라 또 비유로 말씀하시되 천국은 마치 여자가 가루 서 말 속에 갖다 넣어 전부 부풀게 한 누룩과 같으니라 마 13:32,33

사회 변혁은 인간적인 운동으로 일어나는 것이 아니라 이미 임하신 하나님의 영광이 우리 각자에게 임하여 성령의 인도함을 받고 그 결과로 우리 가운데서 일어나야 한다고 말씀하셨습니다. 이것은 인간의 노력에 의한 현실적인 변화를 말하는 것이 아니라 우리를 통해 이 세상에 미치는 하나님의 통치를 의미합니다.

하나님의 나타나심을 통한 세상의 변화

나라가 임하시오며 뜻이 하늘에서 이루어진 것같이 땅에서도 이루어지이다 마 6:10

즉, 보이지 않는 영역에서 보이는 영역으로 하나님의 나타나심을 통한 세상의 변화를 말씀하셨지, 우리 인간이 보이는 영역을 개혁함으로 이루는 세상의 변화를 말씀하시지 않았다는 것입니다.

예수께서 대답하시되 내 나라는 이 세상에 속한 것이 아니니라 만일 내 나라가 이 세상에 속한 것이었더라면 내 종들이 싸워 나로 유대인들에게 넘겨지지 않게 하였으리라 이제 내 나라는 여기에 속한 것이 아니니라 요 18:36

예수님께서 선포하신 하나님의 나라는 전쟁이나 혁명이나 사회 구조의 변혁을 통해서 달성되는 것이 아님을 분명히 밝히셨습니다. 실제로 예수님께서 정치적인 이유나 민중을 선동했다는 이유가 아니라 자신이 메시아이며 하나님의 아들임을 주장함으로써 십자가의 죽으심을 당하셨다는 것을 생각해보십시오.

우리를 통해 이 땅에 하나님이 나타나시는 삶
이제 하나님의 자녀인 우리를 통해서 보이지 않는 하나님의 영광이 실제 삶 속에서 성품으로, 그리고 권세와 능력으로 지속적으로 나타나야 합니다. 예수님께서 재림하실 때까지인 '아직', 그동안 그 일은 계속되어야 합니다. 현실적으로 볼 때 세상은 더 악이 관영하고 어려워질 수 있습니다.

그렇더라도 "뜻이 하늘에서 이루어진 것같이 땅에서도 이루어지이다"라는 차원에서 더 놀라운 하나님의 역사가 우리를 통해서 일어나야 합니다. 즉 '아직' 때까지 이 땅에 우리를 통한 하나님의 나타나심이 중요하지, 우리가 스스로 하나님의 나라를 건설하는 것 자체가 중요한 것이 아니라는 것입니다.

예수님께서 우리에게 가르쳐주신 주기도가 바로 우리에게 그런 삶을 살도록 가르쳐주고 있습니다.

이 책이 하나님나라의 '이미'를 제대로 알고, 주님의 성품과 권능을 나타내고자 하는, 그리고 인간의 노력에 의한 변혁을 추구하는 '아직'의 잘못된 추구에서 벗어나, 뜻이 하늘에서 이루어진 것같이 땅에서도 이루어지도록 하는 삶을 살고자 하는 주의 자녀들에게 가장 강력한 삶의 도구가 되기를 간절히 소망합니다.

매일 하나님나라에서 눈을 뜨자.
매일 하나님의 하루를 보내자.
매일 주기도로 하나님의 뜻을 이루자.

박사. HTM 대표

말씀과 성령님의 만지심

헤브리 터치

Heavenly Touch Ministry

헤 브 리 터 치 미 니 스 트 리

손기철 장로의

화요말씀치유집회

매주 화요일 신대방동
헤브리터치센터에서 열립니다.

예수님께서는 공생애 사역 동안에 하나님나라의 복음을 전하시고, 그 나라의 도래에 따른 수많은 기사와 표적을 보여 주셨습니다. 지금도 하나님의 영광이 임한 장소에서 그의 나라와 의를 구하는 자에게 뜻이 하늘에서 이루어진 것처럼 이 땅에서도 이루어지고 있습니다.
주님께서 허락하신 헤브리터치센터에서 죄사함뿐만 아니라 상한 감정의 치유, 육신의 질병치유, 은혜로 인한 형통, 악한 영으로부터의 해방을 경험하시기를 바랍니다.

2008년에 설립된 '헤브리터치 미니스트리'(Heavenly Touch Ministry:HTM)는 치유사역, 하나님나라의 복음 전파, 교회를 통한 사회변혁의 비전을 이루기 위해 교단과 교파를 초월하여 교회와 성도들을 섬기는 선교단체입니다.

장소 신대방동 헤브리터치센터 임마누엘홀(본당)
일시 **매주 화요일 저녁 7시 30분~밤 10시**
인도 손기철 박사(HTM 대표)
집회 말씀과 치유사역, 기도사역자 개인기도

문의전화 02)576-0153 이메일 htm0691@naver.com, www.heavenlytouch.kr

HTM은 사단법인 한국독립교회 및 선교단체연합회(KAICAM) 소속 선교단체입니다.

HTM 홈페이지 안내 www.heavenlytouch.kr

HTM 홈페이지에서는 HTM의 모든 집회, 교육, 사역 안내와 손기철 장로의 말씀 영상을 볼 수 있으며, 킹덤빌더 매거진, 온라인 강좌(서비스 예정) 등을 이용할 수 있습니다. 뿐만 아니라 HTM 집회와 도서, 동영상 등을 통해 치유를 경험한 성도님들의 치유 간증을 실시간으로 볼 수 있습니다.

HTM 페이스북 www.facebook.com/htm0691

하나님나라의 실제적인 삶을 더 많은 사람들에게 전하기 위해 매일 아침마다 손기철 장로와 윤현숙 목사의 '킹덤빌더의 일용할 양식'을 페이스북에 올리고 있습니다. 매일 부딪히는 상황에 대한 기도, 성경말씀과 핵심을 찌르는 요약, 실제적 적용지침, 그리고 내용을 이미지화 한 사진으로 주님의 뜻을 이루는 하루가 되시기를 소망합니다.

하나님나라 복음을 선포하는 손기철 박사의 '킹덤북스' 시리즈

KINGDOM BOOKS 1
알고 싶어요 성령님
그분의 능력을 어떻게 받고
사용하는지에 대한 실제적이고
속 시원한 대답

KINGDOM BOOKS 2
알고 싶어요 하나님의 나라
하나님나라는 주의 뜻을 이루고자
하는 자에게 은혜로 주어지는
영적 세계다 _두란노 간

KINGDOM BOOKS 3
알고 싶어요 하나님의 의
우리는 이미 예수 그리스도 안에서
'하나님의 의'요 자녀다 _두란노 간

KINGDOM BOOKS 4
킹덤 빌더
이 땅에 도래한 하나님나라를
세워가는 사람

KINGDOM BOOKS 5
하나님의 힘으로 병이 낫는다
하나님나라 복음에 기초한
신유의 이론과 실제

KINGDOM BOOKS 6
기도하기 전에
기도에 실패한 이들을 위한
하나님나라 사고방식 안내서

* 이 책《너희는 이렇게 기도하라》는 KINGDOM BOOKS SERIES **7**입니다.

너희는 이렇게 기도하라

초판 1쇄 발행	2017년 2월 20일
지은이	손기철
펴낸이	여진구
책임편집	안수경, 최현수
편집	김아진, 이영주
책임디자인	이혜영, 노지현 ┃ 마영애
기획ㆍ홍보	김영하
마케팅	김상순, 강성민, 허병용
제작	조영석, 정도봉

해외저작권 기은혜
마케팅지원 최영배, 정나영
경영지원 김혜경, 김경희

이슬비전도학교 최경식, 전우순   303비전성암송학교 박정숙
303비전장학회 & 303비전꿈나무장학회 여운학

펴낸곳 규장

주소 06770 서울시 서초구 매헌로 16길 20(양재2동) 규장선교센터
전화 02)578-0003   팩스 02)578-7332
이메일 kyujang0691@gmail.com   홈페이지 www.kyujang.com
트위터 twitter.com/_kyujang   페이스북 facebook.com/kyujangbook
등록일 1978.8.14. 제1-22

ⓒ 저작와의 협약 아래 인지는 생략되었습니다.
이 출판물은 저작권법에 의해 보호를 받는 저작물이므로 무단 전재와 무단 복제를 할 수 없습니다.

책값 뒤표지에 있습니다.
ISBN 978-89-6097-485-2 03230

규 ┃ 장 ┃ 수 ┃ 칙

1. 기도로 기획하고 기도로 제작한다.
2. 오직 그리스도의 성품을 사모하는 독자가 원하고 필요로 하는 책만을 출판한다.
3. 한 활자 한 문장에 온 정성을 쏟는다.
4. 성실과 정확을 생명으로 삼고 일한다.
5. 긍정적이며 적극적인 신앙과 신행일치에의 안내자의 사명을 다한다.
6. 충고와 조언을 항상 감사로 경청한다.
7. 지상목표는 문서선교에 있다.

하나님을 사랑하는 자 곧 그의 뜻대로 부르심을 입은 자들에게는 모든 것이 合力하여 善을 이루느니라(롬 8:28)

규장은 문서를 통해 복음전파와 신앙교육에 주력하는 국제적 출판사들의 협의체인 복음주의출판협회(E.C.P.A:Evangelical Christian Publishers Association)의 출판정신에 동참하는 회원(Associate Member)입니다.